当代中国外交参考资料选编

李潜虞 ◎ 编

世界知识出版社

图书在版编目（CIP）数据

当代中国外交参考资料选编/李潜虞编.—北京：世界知识出版社，2023.5
　　ISBN 978-7-5012-6643-2

Ⅰ.①当… Ⅱ.①李… Ⅲ.①外交史—史料—中国—现代 Ⅳ.①D829

中国版本图书馆CIP数据核字（2023）第063814号

书　　　名	当代中国外交参考资料选编 Dangdai Zhongguo Waijiao Cankao Ziliao Xuanbian
编　　　者	李潜虞
责任编辑	狄安略
责任出版	王勇刚
责任校对	张　琨
出版发行	世界知识出版社
地址邮编	北京市东城区干面胡同51号（100010）
网　　　址	www.ishizhi.cn
电　　　话	010-65265923（发行）　010-85119023（邮购）
经　　　销	新华书店
印　　　刷	北京虎彩文化传播有限公司
开本印张	710mm×1000mm　1/16　11½印张
字　　　数	177千字
版次印次	2023年5月第一版　2023年5月第一次印刷
标准书号	ISBN 978-7-5012-6643-2
定　　　价	68.00元

版权所有　侵权必究

外交学院中央高校基本科研业务费专项资金资助

编者说明

外交学院是新中国最早开展当代中国外交教学的高等院校。1957年，外交学院中国对外关系教研室成立。1965年，外交学院内部教材《中华人民共和国对外关系史（1949—1960）》编写完成。1988年，由外交学院中国对外关系教研室教师共同编写的《中国外交史》系列图书正式出版，成为中国首次正式出版的中国外交史。1995年，由谢益显教授主编的教材《中国当代外交史》正式出版，此后又在2001年和2009年两次扩充。在此基础之上，2017年外交学院外交学与外事管理系教师又共同编写了《当代中国外交十六讲》。《当代中国外交十六讲》是外交学本科专业核心课程"当代中国外交"的主要教材，是"当代中国外交"课程建设的最新成果。为了辅助教学工作，我们决定编写一套配合这本教材的参考资料选编。在我国高校的历史、法律、经济等学科的教学领域中，一直都有编写参考资料配合教材使用的优良传统，但是，有关新中国外交的参考资料还不多见，这次编写《当代中国外交参考资料选编》是一个新的尝试。有关这本资料集有以下几点需要说明。

第一，为了教学方便，《当代中国外交参考资料选编》以《当代中国外交十六讲》（夏莉萍、梁晓君、李潜虞、熊志勇编写）为依托，其结构安排与后者基本一致。本书每章前有一个简短的引言，介绍当时中国外交的状况和所选资料的基本情况。这样可以方便读者在即使没有教材的情况下，也能了解每一章所涉及的基本内容。随后，每章选编涉及中国外交的重要文献，如党和政府在外交领域的重要政策文件、中外条约、联合声明、联合公报和有关中国领导人重要外交活动的新闻报道等，每章所选资料从3篇到6篇不等。

第二，由于是为了配合教材使用，因此资料选取的范围会受到教材内容的影响。出于篇幅平衡、著作权保护等方面的考虑，本书在选编时往往只就原始材料做片段的节选。为了避免"断章取义"，每章结尾会列出一些拓展阅读的篇目，希望对读者有所帮助。由于每章所涉及的主题不同，因此所选取的资料也会有多寡的不同。每章包含的资料按时间先后顺序排序。

第三，本书所选取的资料在时间上从1949年至2017年，共60篇。在选取这些资料时编者尽量做到来源权威准确，并标注了每篇资料的详细来源。这些资料主要源自《人民日报》、外交部网站和一些权威出版物，未经正式发表的档案资料和外文翻译资料没有选用。

第四，本书可以作为大学"当代中国外交""中国对外关系""中国外交史"等课程的辅助教材使用，也可以为党政机关的对外交往工作提供背景知识和参考资料，还可以供对中国外交感兴趣的读者阅读。阅读本书可以获得对新中国外交70余年历程最真实、最准确的知识。

在这本资料集的编写过程中，编者始终得到外交学院"当代中国外交"课程首席专家、外交学院科研处处长夏莉萍教授的关心和指导。外交学院硕士研究生杨煦葳同学在本书初稿撰写的过程中承担了大量的录入与核对工作，在此对她们表示衷心的感谢。

本书为2018年度国家社会科学基金项目"冷战时期中国对亚非国家统一战线政策研究"（项目编号：18BDJ69）的阶段性成果。编写这样的资料集对编者来说完全是一种新的尝试，难免有错漏之处，所出现的问题，完全由编者本人负责。

李潜虞

2022年4月22日

目 录

第一讲　新中国对外关系的形成 ·· 1
　　中共中央关于外交工作的指示（节选）······························· 2
　　中国人民解放军总部发言人为英国军舰暴行严正声明 ············· 3
　　中国人民政治协商会议共同纲领（节选）··························· 5
　　中苏友好同盟互助条约 ··· 7

第二讲　抗美援朝时期的中国外交 ·· 10
　　组成中国人民志愿军的命令 ·· 11
　　毛泽东关于"我军应当和必须入朝参战"的论述 ·················· 13
　　毛泽东在人民政协第一届全国委员会第四次会议上作出加强
　　　抗美援朝斗争的指示 ··· 14

第三讲　争取和平的国际环境 ··· 16
　　中华人民共和国、印度共和国关于中国西藏地方和印度之间的
　　　通商和交通协定（节选）·· 17
　　中印两国总理联合声明 ·· 19
　　中缅两国总理联合声明 ·· 21
　　参加亚非会议的方案 ··· 23

第四讲　坚持一个中国 ································· 27
美国侵略者把绞索套在自己的脖子上（节选）··········· 28
告台湾同胞书 ·· 29
中华人民共和国国防部命令 ···························· 31
中华人民共和国国防部再告台湾同胞书 ················ 33

第五讲　解决历史遗留问题的外交努力 ················ 36
中华人民共和国政府和缅甸联邦政府关于两国边界问题的协定 ······ 37
中华人民共和国政府和尼泊尔国王陛下政府关于两国边界问题的
　　协定 ·· 40
中华人民共和国政府声明 ······························ 43

第六讲　中苏关系的恶化 ···························· 48

第七讲　发展与"中间地带"的友谊 ··················· 51
中华人民共和国政府1956年8月15日发表关于苏伊士运河问题的
　　声明 ·· 52
中国政府和阿联政府联合公报（节选）·················· 55
毛泽东关于"中间地带有两部分"的论述 ················ 56
中国和马里联合公报（节选）·························· 57
中法建交公报 ··· 58
周恩来对巴基斯坦《黎明报》记者的一段谈话 ··········· 59

第八讲　中美关系的缓和 ···························· 62
周恩来会见美国乒乓球代表团 ························· 63
毛泽东会见尼克松 ···································· 64
上海公报 ··· 65

目 录

第九讲　反对霸权主义 …… 70
中华人民共和国政府日本国政府联合声明 …… 71
毛泽东关于"三个世界划分"的论述 …… 74
中华人民共和国和日本国和平友好条约 …… 75
中华人民共和国和美利坚合众国关于建立外交关系的联合公报 …… 77
中华人民共和国政府声明 …… 78
美利坚合众国政府声明 …… 79

第十讲　奉行不结盟政策 …… 81
中华人民共和国和美利坚合众国联合公报 …… 82
中国共产党第十二次全国代表大会隆重开幕（节选） …… 84
中苏联合公报 …… 85

第十一讲　韬光养晦　有所作为 …… 90
邓小平关于"冷静观察、稳住阵脚、沉着应付"的论述 …… 91
中华人民共和国政府和法兰西共和国政府联合公报 …… 92
中美联合声明 …… 93
中日关于建立致力于和平与发展的友好合作伙伴关系的联合宣言 …… 98

第十二讲　"一国两制"　争取国家统一 …… 103
邓小平会见撒切尔夫人 …… 104
中华人民共和国政府和大不列颠及北爱尔兰联合王国政府
　关于香港问题的联合声明 …… 105
中华人民共和国政府和葡萄牙共和国政府关于澳门问题的
　联合声明 …… 108

第十三讲　扩大国际影响 …… 112
"上海合作组织"成立宣言 …… 113

胡锦涛在联合国成立60周年首脑会议上提出建设一个持久和平、
　　　　共同繁荣的和谐世界（节选） ……………………………… 116
　　中非合作论坛北京峰会宣言 …………………………………… 118

第十四讲　睦邻外交 ……………………………………………… 122
　　中华人民共和国和俄罗斯联邦睦邻友好合作条约 …………… 123
　　中华人民共和国与东盟国家领导人联合宣言 ………………… 130
　　中华人民共和国和俄罗斯联邦关于二十一世纪国际秩序的
　　　　联合声明 ………………………………………………………… 135
　　中日关于全面推进战略互惠关系的联合声明 ………………… 139

第十五讲　与美欧等国关系的曲折发展 ………………………… 143
　　我国政府发表严正声明 ………………………………………… 144
　　唐家璇外长向美方提出严正交涉 ……………………………… 145
　　中国对欧盟政策文件（节选） ………………………………… 146
　　中法新闻公报 …………………………………………………… 150
　　中美联合声明（节选） ………………………………………… 151

第十六讲　中国特色大国外交 …………………………………… 156
　　习近平在周边外交工作座谈会上发表重要讲话，提出坚持
　　　　亲诚惠容的周边外交理念（节选） ………………………… 157
　　习近平在中央外事工作会议上发表重要讲话，提出中国必须
　　　　有自己特色的大国外交（节选） …………………………… 159
　　推动共建丝绸之路经济带和21世纪海上丝绸之路的愿景与行动
　　　　（节选） ……………………………………………………… 160
　　中华人民共和国和俄罗斯联邦联合声明（节选） …………… 166
　　习近平出席"共商共筑人类命运共同体"高级别会议并发表主旨
　　　　演讲（节选） ………………………………………………… 172

第一讲
新中国对外关系的形成

新中国成立前夕，以毛泽东为代表的中国共产党人制定了"另起炉灶""打扫干净屋子再请客""一边倒"的外交原则，中国外交开始真正实现独立自主，中国与社会主义阵营国家、部分亚洲民族主义国家以及欧洲奉行中立主义的国家建立了外交关系，迎来了新中国历史上的第一次建交高潮。为了抗御美国对中华人民共和国的威胁，进一步巩固中苏关系，落实"一边倒"政策，1949年12月至1950年2月，毛泽东主席访问了苏联，与苏联签订了《中苏友好同盟互助条约》。本讲共选取了4篇参考资料，展现了三大外交政策的基本含义，叙述了新中国与其他国家建立外交关系的基本原则，并收录了《中苏友好同盟互助条约》的内容。

中共中央关于外交工作的指示(节选)*

(1949年1月19日)

(1)外交关系。凡属被国民党政府所承认的资本主义国家的大使馆、公使馆、领事馆及其所属的外交机关和外交人员,在人民共和国和这些国家建立正式外交关系以前,我们一概不予承认,只把他们当作外国侨民待遇,但应予以切实保护。对于这些国家的武官,应与外交人员同样看待。但对美国武官,因其直接援助国民党打内战,则应派兵监视,不得给以自由。对于苏联及新民主国家的领使馆及其所属的外交机关和人员,因为他们的外交政策是与资本主义国家的外交政策在根本上不同的,故我们对待他们的态度亦应根本上不同于对待资本主义国家。但因人民国家,现在和他们尚和其他外国一样没有建立正式外交关系,故我们现在和他们的在华外交机关之间,亦只作非正式的外交来往,其所属武官同。

　　……

(15)最后,也是最重要的一项,不允许任何外国及联合国干涉中国内政。因为中国是独立国家,中国境内之事,应由中国人民及人民的政府自己解决。如有外国人提到外国政府调解中国内战等事,应完全拒绝之。

---

* 本篇材料见中央档案馆编《中共中央文件选集》(第十八册),中共中央党校出版社,1992,第44—46页。

中国人民解放军总部发言人
为英国军舰暴行严正声明*

（1949年4月30日）

中国人民解放军总部发言人李涛将军本日为英国军舰紫石英号事件，发表声明称：我们斥责战争贩子丘吉尔的狂妄声明。四月二十六日，丘吉尔在英国下院，要求英国政府派两艘航空母舰去远东，"实行武力的报复"，丘吉尔先生，你"报复"什么？英国的军舰和国民党的军舰一道，闯入中国人民解放军的防区，并向人民解放军开炮，致使人民解放军的忠勇战士伤亡二百五十二人之多。英国人跑进中国境内做出这样大的犯罪行为，中国人民解放军有理由要求英国政府承认错误，并执行道歉和赔偿。难道你们今后应当做的不是这些，反而是开动军队到中国来向中国人民解放军进行"报复"么？艾德礼首相的话也是错误的，他说英国有权开动军舰进入中国的长江。长江是中国的内河，你们英国人有什么权利将军舰开进来？没有这种权利。中国的领土主权，中国人民必须保卫，绝对不允许外国政府来侵犯。艾德礼说：人民解放军"准备让英舰紫石英号开往南京，但要有一个条件，就是该舰要协助人民解放军渡江"。艾德礼是在撒谎，人民解放军并没有允许紫石英号开往南京。人民解放军不希望任何外国武装力量帮助渡江，或做任何别的什么事情。相反，人民解放军要求英国、美国、法国在长江黄浦江及在中国他处的军舰、军用飞机、陆战队等项武装力量迅速撤离中国的领水、领海、领土、领空，不要帮助中国人民的敌人打内战。中国人民革命军事委员会及人民政府直到现在还没有和任何外国

---

* 本篇材料见《人民解放军总部发言人为英舰暴行严正声明 斥责战争贩子丘吉尔等狂妄叫嚣 英美法武装力量应迅速撤离中国》，《人民日报》1949年5月1日第1版。

政府建立外交关系。中国人民革命军事委员会及人民政府愿意保护从事正常业务的在华外国侨民。中国人民革命军事委员会及人民政府愿意考虑和各外国建立外交关系,这种关系必须建立在平等、互利和互相尊重领土主权的独立和完整的基础之上,首先是各外国不能帮助国民党反动派。中国人民革命军事委员会及人民政府不愿意接受任何外国政府所给予的任何带威胁性的行动。外国政府如果愿意考虑和我们建立外交关系,它就必须断绝和国民党残余力量的关系,并将它在中国的武装力量撤回去。艾德礼埋怨中国共产党过去因为和外国没有建立外交关系而不愿意和外国政府的旧外交人员(国民党承认的领事)发生关系,这种埋怨是没有理由的。过去数年内,美国、英国、加拿大等国政府是帮助国民党反对我们的,难道艾德礼先生也忘记了?被击沉不久的重庆号重巡洋舰是什么国家赠给国民党的,艾德礼先生难道也不知道么?

中国人民政治协商会议共同纲领（节选）*

（1949年9月29日）

....

第一章　总纲

....

第十一条　中华人民共和国联合世界上一切爱好和平、自由的国家和人民，首先是联合苏联、各人民民主国家和各被压迫民族，站在国际和平民主阵营方面，共同反对帝国主义侵略，以保障世界的持久和平。

....

第七章　外交政策

第五十四条　中华人民共和国外交政策的原则，为保障本国独立、自由和领土主权的完整，拥护国际的持久和平和各国人民间的友好合作，反对帝国主义的侵略政策和战争政策。

第五十五条　对于国民党政府与外国政府所订立的各项条约和协定，中华人民共和国中央人民政府应加以审查，按其内容，分别予以承认，或废除，或修改，或重订。

第五十六条　凡与国民党反动派断绝关系，并对中华人民共和国采取友好态度的外国政府，中华人民共和国中央人民政府可在平等、互利及互

---

* 本篇材料见《中国人民政治协商会议共同纲领》，《人民日报》1949年9月30日第2版。

相尊重领土主权的基础上，与之谈判，建立外交关系。

第五十七条 中华人民共和国可在平等和互利的基础上，与各外国的政府和人民恢复并发展通商贸易关系。

第五十八条 中华人民共和国中央人民政府应尽力保护国外华侨的正当权益。

第五十九条 中华人民共和国人民政府保护守法的外国侨民。

第六十条 中华人民共和国对于外国人民因拥护人民利益参加和平民主斗争受其本国政府压迫而避难于中国境内者，应予以居留权。

中苏友好同盟互助条约*

(1950年2月14日)

中华人民共和国中央人民政府与苏维埃社会主义共和国联盟最高苏维埃主席团具有决心以加强中华人民共和国与苏维埃社会主义共和国联盟之间的友好与合作,共同防止日本帝国主义之再起及日本或其他用任何形式在侵略行为上与日本相勾结的国家之重新侵略,亟愿依据联合国组织的目标和原则,巩固远东和世界的持久和平与普遍安全;并深信中华人民共和国与苏维埃社会主义共和国联盟之间的亲善邦交与友谊的巩固是与中苏两国人民的根本利益相符合的;为此目的,决定缔结本条约,并各派全权代表如左②:中华人民共和国中央人民政府特派中国政务院总理兼外交部部长周恩来;苏维埃社会主义共和国联盟最高苏维埃主席团特派苏联外交部部长安得列·扬努阿勒耶维赤·维辛斯基。两全权代表互相校阅全权证书认为妥善后,同意下述各条:

第一条 缔约国双方保证共同尽力采取一切必要的措施,以期制止日本或其他直接间接在侵略行为上与日本相勾结的任何国家之重新侵略与破坏和平。一旦缔约国任何一方受到日本或与日本同盟的国家之侵袭,因而处于战争状态时,缔约国另一方即尽其全力给予军事及其他援助。

双方并宣布,愿以忠诚的合作精神,参加所有以确保世界和平与安全为目的之国际活动,并为此目的之迅速实现充分贡献其力量。

第二条 缔约国双方保证经过彼此同意与第二次世界大战时期其他同

---

* 本篇材料见《中苏两国政府发表公告 缔结友好同盟互助条约 同时签订关于中国长春铁路和旅大及贷款等协定 中华人民共和国苏维埃社会主义共和国联盟友好同盟互助条约》,《人民日报》1950年2月15日第2版。

② 原文为竖排右书。

盟国于尽可能的短期内共同取得对日和约的缔结。

  第三条 缔约国双方均不缔结反对对方的任何同盟，并不参加反对对方的任何集团及任何行动或措施。

  第四条 缔约国双方根据巩固和平与普遍安全的利益，对有关中苏两国共同利益的一切重大国际问题，均将进行彼此协商。

  第五条 缔约国双方保证以友好合作的精神，并遵照平等、互利、互相尊重国家主权与领土完整及不干涉对方内政的原则，发展和巩固中苏两国之间的经济与文化关系，彼此给予一切可能的经济援助，并进行必要的经济合作。

  第六条 本条约经双方批准后立即生效，批准书在北京互换。

  本条约有效期间为三十年，如在期满前一年未有缔约国任何一方表示愿予废除时则将延长五年，并依此法顺延之。一九五〇年二月十四日订于莫斯科，共两份，每份均以中文与俄文书就，两种文字的条文均有同等效力。

中华人民共和国	苏维埃社会主义共和国联盟
中央人民政府全权代表	最高苏维埃主席团全权代表
周恩来（签名）	安·扬·维辛斯基（签名）

拓展阅读

1. 毛泽东:《应当有步骤地彻底摧毁帝国主义在中国的控制权》,1949年3月5日,载中华人民共和国外交部、中共中央文献研究室编《毛泽东外交文选》,中央文献出版社、世界知识出版社,1994,第79—81页。

2. 毛泽东:《论人民民主专政》,1949年6月30日,载《毛泽东选集》(第四卷),人民出版社,1991,第1468—1482页。

3. 毛泽东:《别了,司徒雷登》,1949年8月18日,载《毛泽东选集》(第四卷),人民出版社,1991,第1491—1498页。

4. 周恩来:《新中国的外交》,1949年11月8日,载中华人民共和国外交部、中共中央文献研究室编《周恩来外交文选》,中央文献出版社,1990,第1—8页。

第二讲
抗美援朝时期的中国外交

1950年6月,朝鲜战争爆发,这成为新中国成立之后面临的一个严峻挑战。为了保卫国家安全,维护世界和平,中国不得不做出派遣中国人民志愿军入朝参战的艰难决定,并取得了抗美援朝战争的伟大胜利。抗美援朝战争的胜利稳定了建国初期的国内秩序,巩固了新生的人民政权,振奋了中国人的民族自豪感,提升了中国的国际地位。本讲共选取3篇参考资料,展现了中国领导人做出抗美援朝决策的原因和我们对待朝鲜停战谈判的态度。

组成中国人民志愿军的命令*

（1950年10月8日）

彭、高、贺①，邓、洪、解②及中国人民志愿军各级领导同志们：

（一）为了援助朝鲜人民解放战争，反对美帝国主义及其走狗们的进攻，借以保卫朝鲜人民、中国人民及东方各国人民的利益，着将东北边防军改为中国人民志愿军，迅即向朝鲜境内出动，协同朝鲜同志向侵略者作战并争取光荣的胜利。

（二）中国人民志愿军辖十三兵团及所属之三十八军、三十九军、四十军、四十二军，及边防炮兵司令部与所属之炮兵一师、二师、八师。上述各部须立即准备完毕，待令出动。

（三）任命彭德怀同志为中国人民志愿军司令员兼政治委员。

（四）中国人民志愿军以东北行政区为总后方基地，所有一切后方工作供应事宜，以及有关援助朝鲜同志的事务，统由东北军区司令员兼政治委员高岗同志调度指挥并负责保证之。

（五）我中国人民志愿军进入朝鲜境内，必须对朝鲜人民、朝鲜人民军、朝鲜民主政府、朝鲜劳动党（即共产党）、其他民主党派及朝鲜人民的领袖金日成同志表示友爱和尊重，严格地遵守军事纪律和政治纪律，这是保证完成军事任务的一个极重要的政治基础。

（六）必须深刻地估计到各种可能遇到和必然会遇到的困难情况，并

---

* 本篇材料见中共中央文献研究室编《毛泽东年谱（1949—1976）》（第一卷），中央文献出版社，2013，第206—207页。
① 彭、高、贺指彭德怀、高岗、贺晋年。
② 邓、洪、解指邓华、洪学智、解方。

准备用高度的热情、勇气、细心和刻苦耐劳的精神去克服这些困难。目前总的国际形势和国内形势于我们有利,于侵略者不利,只要同志们坚决勇敢,善于团结当地人民,善于和侵略者作战,最后胜利就是我们的。

毛泽东关于"我军应当和必须入朝参战"的论述*

（1950年10月13日）

（一）与高岗、彭德怀二同志及其他政治局同志商量结果，一致认为我军还是出动到朝鲜为有利。在第一时期可以专打伪军①，我军对付伪军是有把握的，可以在元山、平壤线以北大块山区打开朝鲜的根据地，可以振奋朝鲜人民重组人民军。两个月后，苏联志愿空军就可以到达。六个月后可以收到苏联给我们的炮火及坦克装备，训练完毕即可攻击美军。在第一时期，只要能歼灭几个伪军的师团，朝鲜局势即可起一个对我们有利的变化。

（二）我们采取上述积极政策，对中国，对朝鲜，对东方，对世界都极为有利；而我们不出兵让敌人压至鸭绿江边，国内国际反动气焰增高，则对各方都不利，首先是对东北更不利，整个东北边防军将被吸住，南满电力将被控制。

....

（五）总之，我们认为应当参战，必须参战，参战利益极大，不参战损害极大。

---

* 本篇材料见中共中央文献研究室编《毛泽东年谱（1949—1976）》（第一卷），中央文献出版社，2013，第211—212页。

① 指南朝鲜军。

毛泽东在人民政协第一届全国委员会第四次会议上作出加强抗美援朝斗争的指示[*]

（1953年2月7日）

中国人民政治协商会议第一届全国委员会第四次会议七日下午举行最后一次大会，并在下午五时半胜利闭幕。

…………

毛主席指出这次会议以及会议的报告、讨论和决议都是很好的。毛主席在祝贺会议的成功之后，作了三点指示。

第一，要加强抗美援朝的斗争。由于美帝国主义坚持扣留中朝战俘，破坏停战谈判，并且妄图扩大侵朝战争，所以，抗美援朝的斗争必须继续加强。我们是要和平的，但是，只要美帝国主义一天不放弃它那种横蛮无理的要求和扩大侵略的阴谋，中国人民的决心就是只有同朝鲜人民一起，一直战斗下去。这不是因为我们好战，我们愿意立即停战，剩下的问题待将来去解决。但美帝国主义不愿意这样做，那么好罢，就打下去，美帝国主义愿意打多少年，我们也就准备跟他打多少年，一直打到美帝国主义愿意罢手的时候为止，一直打到中朝人民完全胜利的时候为止。

…………

---

[*] 本篇材料见《人民政协第一届全国委员会第四次会议闭幕 毛泽东主席作了三点重要指示 加强抗美援朝斗争、学习苏联、反对官僚主义》，《人民日报》1953年2月8日第1版。

拓展阅读

1. 毛泽东:《关于决定派志愿军入朝作战问题》,1950年10月2日,载中华人民共和国外交部、中共中央文献研究室编《毛泽东外交文选》,中央文献出版社、世界知识出版社,1994,第139—141页。

2. 周恩来:《如果美军越过三八线,我们要管》,1950年10月3日,载中华人民共和国外交部、中共中央文献研究室编《周恩来外交文选》,中央文献出版社,1990,第25—27页。

3. 周恩来:《抗美援朝,保卫和平》,1950年10月24日,载中华人民共和国外交部、中共中央文献研究室编《周恩来外交文选》,中央文献出版社,1990,第28—33页。

第三讲
争取和平的国际环境

抗美援朝战争结束后，中国开始把更多的精力转移到经济建设上来，因此需要一个和平的国际环境。20世纪50年代中期，国际形势也出现了有利于缓和国际紧张局势的变化。在这种情况下，中国参加了日内瓦会议，促成了印度支那地区的停战，还与印度、缅甸两国共同倡导了和平共处五项原则。以周恩来总理为首的中国代表团参加了万隆会议，促进了中国与亚非国家关系的发展。本讲共选取4篇参考资料，比较全面地展示了和平共处五项原则的提出过程、内容和意义，以及以周恩来总理为首的中国代表团为万隆会议成功所作出的杰出贡献。

中华人民共和国、印度共和国关于中国西藏地方和印度之间的通商和交通协定（节选）*

（1954年4月29日）

中华人民共和国中央人民政府和印度共和国政府为了促进中国西藏地方和印度之间的通商贸易和文化交流并便利两国人民互相朝圣和往来起见，双方同意基于（一）互相尊重领土主权、（二）互不侵犯、（三）互不干涉内政、（四）平等互惠、（五）和平共处的原则，缔结本协定，并各派全权代表如左：

中华人民共和国中央人民政府特派中央人民政府外交部副部长章汉夫；

印度共和国政府特派印度驻中华人民共和国特命全权大使赖嘉文。

双方全权代表互相校阅全权证书，认为妥善后，议定下列各条：

第一条 缔约双方同意互设商务代理处：

一、印度政府同意中国政府得在新德里、加尔各答、噶伦堡三地设立商务代理处。

二、中国政府同意印度政府得在亚东、江孜、噶大克三地设立商务代理处。

双方商务代理处享有同等地位和同等待遇。双方商务代理在执行职务时享有不受逮捕之权；商务代理本人、依靠其生活的妻子及子女享有不受检查之权。

---

* 本篇材料见《中华人民共和国、印度共和国关于中国西藏地方和印度之间的通商和交通协定》，《人民日报》1954年4月30日第4版。这是和平共处五项原则作为一个整体首次出现在国际文件中。此前，周恩来总理于1953年12月31日会见印度谈判代表团时第一次提出了和平共处五项原则。

双方商务代理处并享有信使、邮袋和以密码通讯的权利及豁免。

第二条 缔约双方同意凡按习惯专门从事于中国西藏地方和印度之间的贸易的双方商人得在下列地点进行贸易：

一、中国政府同意指定（一）亚东、（二）江孜、（三）帕里为贸易市场。印度政府同意按习惯得在印度，包括（一）噶伦堡、（二）西里古里、（三）加尔各答等地进行贸易。

二、中国政府同意指定（一）噶大克、（二）普兰宗（塔格拉各特）、（三）姜叶马加尔果、（四）姜叶马查克拉、（五）热姆惹、（六）董不惹、（七）波林三多、（八）那不拉、（九）尚格齐、（十）扎锡岗为贸易市场；印度政府同意将来由于中国西藏地方阿里地区与印度之间通商贸易的发展和需要而成为必要时，印度政府在平等互惠基础上准备在印度方面靠近中国西藏地方阿里地区的相应地区考虑指定贸易市场。

第三条 关于两国香客朝圣事宜，缔约双方同意按照下列各款的规定办理：

一、凡属印度的喇嘛教徒、印度教徒和佛教徒得按惯例往中国西藏地方的康仁波清（开拉斯山）和马法木错（玛那萨罗瓦湖）朝拜。

二、凡属中国西藏地方的喇嘛教徒和佛教徒得按惯例往印度的贝纳拉斯、鹿野苑、加雅和桑吉四地朝拜。

三、凡按惯例往拉萨朝拜者，仍依照习惯办理之。

…………

中印两国总理联合声明[*]

（1954年6月28日）

中华人民共和国总理兼外交部部长周恩来阁下，应印度共和国总理兼外交部部长贾瓦哈拉尔·尼赫鲁阁下的邀请来到德里。他在这里停留三日。在这个期间，两国总理讨论了许多对中国和印度共同有关的事项。他们特别讨论了东南亚的和平前途和在日内瓦会议中关于印度支那所已经有的发展。印度支那的情况对于亚洲及世界和平至为重要，两国总理切望在日内瓦正在作的努力应该成功。他们满意地注意到，在日内瓦关于停战的谈判曾经获得一些进展。他们热诚地希望这些努力在最近的将来将能成功，并获致该地区各项问题的政治解决。

二、两国总理的会谈，目的在于用可能的方法对于在日内瓦和其他地方正在为和平解决所作的努力加以协助。他们的主要目的是对彼此的观点获得更清楚的了解，以便彼此合作并与其他国家合作以协助维护和平。

三、最近中国和印度曾经达成一项协议。在这一协议中，它们规定了为两国之间关系的某些原则。这些原则是：

甲、互相尊重领土主权；

乙、互不侵犯；

丙、互不干涉内政；

丁、平等互利；

戊、和平共处。

两国总理重申这些原则，并且感到在他们与亚洲以及世界其他国家的关系中也应该适用这些原则。如果这些原则不仅适用于各国之间，而且适

---

* 本篇材料见《中印两国总理联合声明》，《人民日报》1954年6月29日第1版。

用于一般国际关系之中，它们将形成和平和安全的坚固基础，而现时存在的恐惧和疑虑，则将为信任感所代替。

四、两国总理承认，在亚洲及世界各地存在着不同的社会制度和政治制度。然而，如果接受上述各项原则并按照这些原则办事，任何一国又都不干涉另一国，这些差别就不应成为和平的障碍或造成冲突。有关各国中每一国家的领土主权和互不侵犯有了保证，这些国家就能和平共处并相互友好。这就会缓和目前存在于世界上的紧张局势，并有助于创造和平的气氛。

五、两国总理特别希望在对印度支那问题的解决中，适用这些原则。在印度支那的政治解决应以创造自由、民主、统一和独立的各个国家为目的。这些国家不应被利用于侵略的目的，也不应受外来的干涉。这将使这些国家的自信增长，并导致这些国家相互之间和它们与其邻国之间的友好关系。[①] 采纳上述的各项原则，并将有助于创造一个和平的地区。如果情况许可，这一地区可以扩大，从而减少战争的可能，并加强全世界的和平事业。

六、两国总理对于中国和印度之间的友谊，表示信心。这一友谊将有助于世界的和平事业，并有助于他们本国与亚洲其他国家的和平发展。

七、这些会谈的目的是为了有助于对亚洲问题获致更大的了解，并为了推进和平的和合作的努力，与抱着同一目的的世界其他国家相配合，来解决这些问题和类似的问题。

八、两国总理同意，中印两国应维持密切的接触，以便两国继续保持充分的了解。他们很高兴能有这次会晤和充分交换意见的机会，使他们在和平事业中有更明彻的了解和合作。

[①]

中缅两国总理联合声明*

(1954年6月29日)

中华人民共和国总理周恩来阁下,应缅甸联邦总理吴努阁下的邀请,在自日内瓦返北京途中来缅甸联邦首都仰光作了两天的访问。在这个期间,两国总理曾就与两国共同有关的事项作了自由的和坦白的讨论。

二、两国总理重申他们的立场,他们将竭力促进全世界的、特别是在东南亚的和平。他们希望正在日内瓦讨论的恢复印度支那和平的问题将得到满意的解决。

三、关于中国和印度所协议的指导两国之间关系的各项原则,即,

(甲)互相尊重领土主权,

(乙)互不侵犯,

(丙)互不干涉内政,

(丁)平等互利,

(戊)和平共处。

两国总理同意这些原则也应该是指导中国和缅甸之间关系的原则。如果这些原则能为一切国家所遵守,则社会制度不同的国家的和平共处就有了保证,而侵略和干涉内政的威胁和对于侵略和干涉内政的恐惧就将为安全感和互信所代替。

四、两国总理重申:各国人民都应该有选择他们的国家制度和生活方式的权利,不应受到其他国家的干涉。革命是不能输出的,同时,一个国家内人民所表现的共同意志也不应容许外来干涉。

---

* 本篇材料见《中缅两国总理联合声明 一九五四年六月二十九日于仰光》,《人民日报》1954年6月30日第1版。

五、两国总理同意中缅两国应保持亲密接触，以继续加强两国之间的友好合作。这次中缅会谈至为友好和诚挚。两国总理很高兴获有这次会晤的机会，他们认为这是有助于和平事业的。

参加亚非会议的方案*

（1955年4月5日）

亚非会议是没有西方帝国主义国家参加、而由亚非地区绝大多数国家所举行的国际会议。亚非会议的召开正当中印、中缅联合声明在亚非地区发生巨大影响的时候，亚非人民争取和平和独立的斗争正在高涨，而另一方面美国正在组织和扩展各地区的侵略集团，力图加强对亚非国家的控制，积极准备新的战争。美国并企图通过它在亚非会议中的仆从国家来对会议进行破坏。但是，参加亚非会议的国家中不仅有中国和越南民主共和国，而且有大批"和平中立主义"和接近"和平中立主义"的国家，大多数国家都具有不同程度的要求和平、要求独立、要求发展本国经济文化的共同愿望。因此，我们在亚非会议中对于在亚非地区乃至于在全世界扩大和平势力的事业是有着有利条件的。

根据以上基本情况，我们在亚非会议中的总的方针应该是争取扩大世界和平统一战线，促进民族独立运动，并为建立和加强我国同若干亚非国家的事务和外交关系创造条件。

在这一总的方针下，我们对于亚非会议的各项问题的方案如下：

一、亚非会议的共同问题

1. 和平共处和友好合作问题

我们的主张是：保障世界和平、维护民族独立并为此目的促进各国间

---

* 本篇材料见中华人民共和国外交部档案馆编《中华人民共和国外交档案选编（第二集）：中国代表团出席1955年亚非会议》，世界知识出版社，2007，第41—44页。

的友好合作。友好合作应该是以和平共处的五项原则和反对侵略、反对战争为基础。争取使五项原则为亚非地区的更多国家所接受，从而扩大和平地区，建立集体和平，并力求亚非会议能发表一个和平公约或维护世界和平的宣言。

2. 和缓国际紧张局势问题

我们主张通过国际协商和缓国际紧张局势，包括台湾地区的紧张局势在内。如有人一般提出召开国际会议以谋和缓远东紧张局势的问题，我不反对，但如果其他国家在涉及台湾问题时提出或暗示蒋介石卖国集团参加国际会议的问题，则必须予以反对。

3. 殖民主义问题

反对一切形式的殖民主义，以美国为主要打击目标，指出军事集团、军事基地、禁运垄断政策等的殖民主义的实质，并指出在别国建立军事基地是违反联合国宪章，是侵犯别国主权的，同时支持一切殖民地的独立运动，反对托管地不符合联合国宪章的现象。

4. 种族歧视问题

反对种族歧视，也反对种族优越感，主张一切种族的平等。

5. 社会问题

不谈一般的社会问题而着重介绍我国建国以来在各种社会改革中所获得的成就，包括土地改革、经济恢复和发展、劳动就业、劳动条件、教育、卫生、妇女、民族问题等各个方面。

6. 经济问题

我们主张在平等互利的基础上开展贸易，发展技术和经济合作，以促进和巩固有关各国的和平和独立的经济发展。反对禁运，反对带有政治条件的"援助"。对成立国际经济合作组织问题，原则同意，但不应承担不利于我的义务和约束。

7. 文化问题

我们主张在尊重各国民族文化的基础上，广泛开展各国间的文化交流。不反对在会议中提出文化交流的具体办法。

8. 友好访问问题

我们主张亚非各国的政府、国会和民间团体之间实行对等的相互的友好访问，以增进彼此的了解和合作的可能。

9. 原子武器问题

我们主张禁止和销毁原子武器和一切大规模毁灭性的武器。如果其他国家提出禁止使用原子武器，或管制原子武器，或停止试验等，我们应采取鼓励的态度并同意列入公报或宣言。

10. 印度支那问题

我们的主张是：坚决实施日内瓦协议，反对马尼拉会议和曼谷会议破坏日内瓦协议的活动。关于实施日内瓦协议，重点在于印度支那各国不得参加军事同盟和破坏民主选举，并应按期进行部队的转移（撤出海防）。

11. 联合国问题

我们支持联合国宪章，反对各种违反联合国宪章的行为，包括剥夺中华人民共和国在联合国的合法地位的行为。我们并一般主张不应排斥独立国家加入联合国。如果其他国家具体提出亚非国家加入联合国的问题，我们应采取同苏联完全一致的立场，即锡兰、尼泊尔、约旦和利比亚应该同罗马尼亚等其他十国一并被接纳加入联合国，印度支那各国加入联合国有待按照日内瓦协议取得完全的政治解决，日本加入联合国有待同中、苏、印尼缔结正常合约。

12. 亚非会议的常设机构问题

争取设立亚非会议的常设机构，并争取亚非会议每两年开一次，下一次在印度举行。

拓展阅读

1. 周恩来:《和平共处五项原则》,1953年12月31日,载中华人民共和国外交部、中共中央文献研究室编《周恩来外交文选》,中央文献出版社,1990,第63页。

2. 毛泽东:《和平共处五项原则应推广到所有国家关系中去》,载中华人民共和国外交部、中共中央文献研究室编《毛泽东外交文选》,中央文献出版社、世界知识出版社,1994,第163—176页。

3. 毛泽东:《和平共处五项原则是一个长期的方针》,载中华人民共和国外交部、中共中央文献研究室编《毛泽东外交文选》,中央文献出版社、世界知识出版社,1994,第177—196页。

4. 周恩来:《在亚非会议全体会议上的发言》,载中华人民共和国外交部、中共中央文献研究室编《周恩来外交文选》,中央文献出版社,1990,第112—125页。

第四讲
坚持一个中国

20世纪50年代中期,盘踞在台湾和东南沿海一些岛屿上的国民党政权对我国家安全构成了威胁,同时,美国对台湾事务的干涉逐步加深,与台湾当局签订了所谓的"共同防御条约",企图制造"两个中国"。在这种情况下,我不得不采取外交和军事两种手段,为维护国家主权和领土完整而斗争。人民解放军先后发动渡海战役和金门炮战,中美两国也开始了长达15年的中美大使级会谈。本讲共选取4篇参考资料,主要展现了中国领导人对美斗争的策略和在金门炮战中高超的战略智慧和战略勇气。

美国侵略者把绞索套在自己的脖子上（节选）*

（1958年9月8日）

毛泽东主席召集的最高国务会议今日上午继续举行。

在今日的会议上，毛泽东主席讲了话。

毛泽东主席说，目前的形势对全世界争取和平的人民有利。在谈到国际形势的时候，毛主席指出：总的趋势是东风压倒西风。毛主席说，美帝国主义九年来侵占了我国领土台湾，不久以前又派遣它的武装部队侵占了黎巴嫩。美国在全世界许多国家建立了几百个军事基地。中国领土台湾、黎巴嫩以及所有美国在外国的军事基地，都是套在美帝国主义脖子上的绞索。不是别人而是美国人自己制造这种绞索，并把它套在自己的脖子上，而把绞索的另一端交给了中国人民、阿拉伯各国人民和全世界一切爱和平反侵略的人民。美国侵略者在这些地方停留得越久，套在它的头上的绞索就将越紧。

毛泽东主席又说，美帝国主义在全世界到处制造紧张局势，以期达到它侵略和奴役各国人民的目的。美帝国主义自以为紧张局势总是对它自己有利，但是事实是，美国制造的这些紧张局势走向了美国人愿望的反面，它起了动员全世界人民起来反对美国侵略者的作用。毛主席说，美国垄断资本集团如果坚持推行它的侵略政策和战争政策，势必有一天要被全世界人民处以绞刑。其他美国帮凶也将是这样。

……………

---

* 本篇材料见《美国侵略者把绞索套在自己脖子上》，《人民日报》1958年9月9日第1版。

告台湾同胞书*

（1958年10月6日）

台湾、澎湖、金门、马祖军民同胞们：

我们都是中国人。三十六计，和为上计。金门战斗，属于惩罚性质。你们的领导者们过去长时期间太猖狂了，命令飞机向大陆乱钻，远及云、贵、川、康、青海，发传单，丢特务，炸福州，扰江浙。是可忍，孰不可忍？因此打一些炮，引起你们注意。台、澎、金、马是中国领土，这一点你们是同意的，见之于你们领导人的文告，确实不是美国人的领土。台、澎、金、马是中国的一部分，不是另一个国家。世界上只有一个中国，没有两个中国。这一点，也是你们同意的，见之于你们领导人的文告。你们领导人与美国人订立军事协定，是片面的，我们不承认，应予废除。美国人总有一天肯定要抛弃你们的。你们不信吗？历史巨人会要出来作证明的。杜勒斯9月30日的谈话，端倪已见。站在你们的地位，能不寒心？归根结底，美帝国主义是我们的共同敌人。十三万金门军民，供应缺乏，饥寒交迫，难为久计。为了人道主义，我已命令福建前线，从10月6日起，暂以七天为期，停止炮击，你们可以充分地自由地输送供应品，但以没有美国人护航为条件。如有护航，不在此例。你们与我们之间的战争，三十年了，尚未结束，这是不好的。建议举行谈判，实行和平解决。这一点，周恩来总理在几年前已经告诉你们了。这是中国内部贵我两方有关的问题，不是中美两国有关的问题。美国侵占台澎与台湾海峡，这是中美两方有关的问题，应当由两国举行谈判解决，目前正在华沙举行。美国人总是

---

* 本篇材料见《国防部长彭德怀告台澎金马军民同胞 建议举行谈判实行和平解决》，《人民日报》1958年10月6日第1版。

要走的，不走是不行的。早走于美国有利，因为它可以取得主动。迟走不利，因为它老是被动。一个东太平洋国家，为什么跑到西太平洋来了呢？西太平洋是西太平洋人的西太平洋，正如东太平洋是东太平洋人的东太平洋一样。这一点是常识，美国人应当懂得。中华人民共和国与美国之间并无战争，无所谓停火。无火而谈停火，岂非笑话？台湾的朋友们，我们之间是有战火的，应当停止，并予熄灭。这就需要谈判。当然，再打三十年，也不是什么了不起的大事，但是究竟以早日和平解决较为妥善。何去何从，请你们酌定。

中华人民共和国国防部部长　彭德怀

一九五八年十月六日上午一时

中华人民共和国国防部命令[*]

(1958年10月13日)

福建前线人民解放军同志们：

金门炮击，从本日起，再停两星期，借以观察敌方动态，并使金门军民同胞得到充分补给，包括粮食和军事装备在内，以利他们固守。兵不厌诈，这不是诈。这是为了对付美国人的。这是民族大义，必须把中美界限分得清清楚楚。我们这样做，就全局说来，无损于己，有益于人。有益于什么人呢？有益于台、澎、金、马一千万中国人，有益于全民族六亿五千万人，就是不利于美国人。有些共产党人可能暂时还不理解这个道理。怎么打出这样一个主意呢？不懂，不懂！同志们，过一会儿，你们会懂的。待在台湾和台湾海峡的美国人，必须滚回去。他们赖在这里是没有理由的，不走是不行的。台、澎、金、马的中国人中，爱国的多，卖国的少。因此要做政治工作，使那里大多数的中国人逐步觉悟过来，孤立少数卖国贼。积以时日，成效自见。在台湾国民党没有同我们举行和平谈判并且获得合理解决以前，内战依然存在。台湾的发言人说：停停打打，打打停停，不过是共产党的一条诡计。停停打打，确是如此，但非诡计。你们不要和谈，打是免不了的。在你们采取现在这种顽固态度期间，我们是有自由权的，要打就打，要停就停。美国人想在我国的内战问题上插进一只手来，他们叫作停火，令人忍俊不禁。美国人有什么资格谈这个问题呢？请问他们代表什么人？什么也不代表。他们代表美国人吗？中美两国没有开战，无火可停。他们代表台湾人吗？台湾当局没有发给他们委任状，国民党领袖根本反对中美会谈。美国民族是一个伟大的民族，其人民是善良的。他

---

* 本篇材料见《国防部命令对金门炮击再停两星期》，《人民日报》1958年10月13日第1版。

们不要战争，欢迎和平。但是美国政府的工作人员，有一部分，例如杜勒斯之流，实在不大高明。即如所谓停火一说，岂非缺乏常识？台、澎、金、马整个地收复回来，完成祖国统一，这是我们六亿五千万人民的神圣任务。这是中国内政，外人无权过问，联合国也无权过问。世界上一切侵略者及其走狗，通通都要被埋葬掉，为期不会很远。他们一定逃不掉的。他们想躲到月球里去也不行。寇能往，我亦能往，总是可以抓回来的。一句话，胜利是全世界人民的。金门海域，美国人不得护航。如有护航，立即开炮。切切此令！

国防部长　彭德怀
一九五八年十月十三日上午一时

中华人民共和国国防部再告台湾同胞书*

（1958年10月25日）

台湾、澎湖、金门、马祖军民同胞们：

　　我们完全明白，你们绝大多数都是爱国的，甘心做美国人奴隶的只有极少数。同胞们，中国人的事只能由我们中国人自己解决。一时难于解决，可以从长商议。美国的政治掮客杜勒斯[①]，爱管闲事，想从国共两党的历史纠纷这件事情中间插进一只手来，命令中国人做这样，做那样，损害中国人的利益，适合美国人的利益。就是说，第一步，孤立台湾；第二步，托管台湾。如不遂意，最毒辣的手段，都可以拿出来。你们知道张作霖[②]将军是怎样死去的么？东北有一个皇姑屯，他就是在那里被人治死的。世界上的帝国主义分子都没有良心。美帝国主义者尤为凶恶，至少不下于治死张作霖的日本人。同胞们，我劝你们当心一点儿。我劝你们不要过于依人篱下，让人家把一切权柄都拿了去。我们两党间的事情很好办。我已命令福建前线，逢双日不打金门的飞机场、料罗湾的码头、海滩和船只，使大金门、小金门、大担、二担大小岛屿上的军民同胞都得到充分的供应，包括粮食、蔬菜、食油、燃料和军事装备在内，以利你们长期固守。如有不足，只要你们开口，我们可以供应。化敌为友，此其时矣。逢单日，你们的船只、飞机不要来。逢单日我们也不一定打炮，但是你们不要来，以免受到可能的损失。这样，一个月中有半月可以运输，供应可以无缺。你们有些人怀疑，我们要瓦解你们军民之间官兵之间的团结。同胞们，不，

---

　　*　本篇材料见《国防部长彭德怀再告台湾同胞　中国人的事只能由中国人自己解决》，《人民日报》1958年10月26日第1版。
　　①　杜勒斯，当时任美国国务卿。
　　②　张作霖，北洋军阀统治时期奉系军阀首领。

我们希望你们加强团结，以便一致对外。打打停停，半打半停，不是诡计，而是当前具体情况下的正常产物。不打飞机场、码头、海滩、船只，仍以不引进美国人护航为条件。如有护航，不在此例。蒋、杜会谈①，你们吃了一点亏，你们只有代表"自由中国"发言的权利了；再加上小部分华侨，还许你们代表他们。美国人把你们封为一个小中国。十月二十三日，美国国务院发表十月十六日杜勒斯预制的同英国一家广播公司所派记者的谈话，杜勒斯从台湾一起飞，谈话就发出来。他说，他看见了一个共产党人的中国，并且说，这个国家确实存在，愿意同它打交道，云云。谢天谢地，我们这个国家，算是被一位美国老爷看见了。这是一个大中国。美国人迫于形势，改变了政策，把你们当作一个"事实上存在的政治单位"，其实并非当作一个国家。这种"事实上存在的政治单位"，在目前开始的第一个阶段，美国人还是需要的。这就是孤立台湾。第二个阶段，就要托管台湾了。国民党朋友们，难道你们还不感觉这种危险吗？出路何在？请你们想一想吧。此次蒋杜会谈文告不过是个公报，没有法律效力，要摆脱是容易的，就看你们有无决心。世界上只有一个中国，没有两个中国。这一点我们是一致的。美国人强迫制造两个中国的伎俩，全中国人民，包括你们和海外侨胞在内，是绝对不容许其实现的。现在这个时代，是一个充满希望的时代，一切爱国者都有出路，不要怕什么帝国主义者。当然，我们并不劝你们马上同美国人决裂，这样想，是不现实的。我们只是希望你们不要屈服于美国人的压力，随人俯仰，丧失主权，最后走到存身无地，被人丢到大海里去。我们这些话是好心，非恶意，将来你们会慢慢理解的。

国防部长　彭德怀
一九五八年十月二十五日

---

① 指蒋介石同杜勒斯1958年10月21日至23日在台湾举行的会谈。

拓展阅读

1. 毛泽东:《整台湾是整家法》,1958年9月6日,载中共中央文献研究室、中国人民解放军军事科学院编《建国以来毛泽东军事文稿》(中卷),军事科学出版社、中央文献出版社,2010,第419—421页。

2. 毛泽东:《灵机应变主动在我》,1958年10月5日,载中共中央文献研究室、中国人民解放军军事科学院编《建国以来毛泽东军事文稿》(中卷),军事科学出版社、中央文献出版社,2010,第436—437页。

3. 毛泽东:《对金门逢双日一律不打炮》,1958年10月31日,载中共中央文献研究室、中国人民解放军军事科学院编《建国以来毛泽东军事文稿》(中卷),军事科学出版社、中央文献出版社,2010,第450页。

4. 毛泽东:《关于台湾问题》,1959年5月、10月,载中华人民共和国外交部、中共中央文献研究室编《毛泽东外交文选》,中央文献出版社、世界知识出版社,1994,第378—383页。

第五讲
解决历史遗留问题的外交努力

20世纪50年代中期，中国开始着手解决与亚洲邻国之间的一些历史遗留问题，如华侨的双重国籍问题、中国与陆路邻国的边界问题等。中国从总体外交战略的角度来考虑这些问题，希望通过在这些历史遗留问题上展现出和平解决的真诚意愿，从而取信于亚洲邻国，打破美国对新中国的封锁和遏制。根据这种指导原则，我们与邻国之间的一些历史遗留问题得到了较好的解决。但是，由于印度在边界问题上不断侵犯中方的利益，中印两国也爆发了两次边界武装冲突。本讲共选取3篇参考资料，体现了中国为解决中缅、中尼、中印边界问题所做的努力。

中华人民共和国政府和缅甸联邦政府
关于两国边界问题的协定*

（1960年1月28日）

中华人民共和国政府和缅甸联邦政府，为了促进中缅边界问题的全面解决，为了巩固和进一步发展中缅两国的友好关系，同意在和平共处五项原则的指导下，缔结本协定，并且议定下列各条：

第一条

缔约双方同意立即成立由双方同等人数的代表所组成的联合委员会，并且责成该委员会根据本协定的规定，商谈解决本协定第二条所列的有关中缅边界的各项具体问题，进行勘察边界和树立界桩的工作，起草中缅边界条约。联合委员会定期地在中缅两国的首都或者中缅两国的其他地点举行会议。

第二条

缔约双方同意，有关中缅边界的现存问题按照下列的规定解决：

一、自尖高山起到中缅边界西端终点的全部未定界，除片马、古浪、岗房地区以外，遵照传统的习惯线定界，也就是说，从尖高山起沿着以太平江、瑞丽江、怒江、独龙江为一方和恩梅开江为另一方的分水岭向北，

---

* 本篇材料见《中缅关于两国边界问题的协定　和平共处五项原则的胜利》，《人民日报》1960年2月1日第1版。

直到在靖丹和木刻戛之间跨越独龙江的地方，然后继续沿着以独龙江和察隅河为一方和除独龙江以外的全部伊洛瓦底江上游支系为另一方的分水岭，直到中缅边界西端的终点为止。联合委员会将派出由双方同等人数的人员组成的联合勘察队，沿着上述分水岭进行勘察，以确定这一段边界线的具体位置，并且树立界桩。

　　二、缅甸政府同意将属于中国的片马、古浪、岗房地区归还中国。至于归还给中国的这个地区的面积，由联合委员会根据缅甸政府和中国政府分别在一九五七年二月四日和一九五七年七月二十六日提出的并且用地图标明的建议，商谈确定。联合委员会在确定归还给中国的这个地区的面积以后，将派出由双方同等人数的人员组成的联合勘察队，实地勘察这一段边界线的具体位置，并且树立界桩。

　　三、为了废除缅甸对南宛河和瑞丽江汇合处的、属于中国的猛卯三角地区（即南宛指定区）所保持的"永租"关系，中国政府同意把这个地区移交给缅甸，成为缅甸联邦领土的一部分。作为交换，缅甸政府同意，把班洪部落和班老部落在一九四一年六月十八日中英两国政府换文划定的、从南定河和南帕河汇合处到南段已定界第一号界桩为止的边界线以西的辖区划归中国，成为中国领土的一部分。至于划归中国的这些地区的面积，中国政府和缅甸政府分别在一九五七年七月二十六日和一九五九年六月四日提出了用地图标明的建议。两国政府的建议中互相一致的地区，肯定划归中国。两国政府的建议中关于班洪部落的辖区有出入的地区，由联合委员会派出双方同等人数的人员组成的小组实地查明该地区是否属于班洪部落管辖，以便确定该地区是否移交中国。划归中国的班洪部落和班老部落辖区的面积这样确定以后，联合委员会将派出由双方同等人数的人员组成的联合勘察队，实地勘察这一段边界线的具体位置，并且树立界桩。

　　四、从南定河和南帕河汇合处到南段已定界第一号界桩为止的一段边界，除本条第三款所规定的调整以外，按照一九四一年六月十八日中英两国政府的换文定界。联合委员会将派出由双方同等人数的人员组成的联合勘察队，沿着这一段边界线进行定界、标界和树立界桩的工作。

第三条

　　缔约双方同意，联合委员会在解决本协定第二条中所列的有关中缅边界的现存问题以后，将负责起草中缅边界条约，其中不仅将包括本协定第二条所提到的各段边界，而且将包括过去已经划定、无需加以更改的各段边界。新的边界条约经两国政府签订和生效后，将代替一切旧的有关两国边界的条约和换文。中国政府根据一贯反对外国特权和尊重其他国家主权的政策，声明放弃一九四一年六月十八日中英两国政府换文所规定的、中国参加经营缅甸炉房矿产企业的权利。

第四条

　　（一）本协定须经批准，批准书应尽速在仰光交换。

　　（二）本协定在互换批准书以后立即生效，到两国政府将签订的中缅边界条约生效时自动失效。

　　一九六〇年一月二十八日订于北京，共两份，每份都用中文和英文写成，中、英两种文本具有同等效力。

中华人民共和国政府全权代表　　　　缅甸联邦政府全权代表
　　　　周恩来　　　　　　　　　　　　　　奈温
　　　（签字）　　　　　　　　　　　　　（签字）

中华人民共和国政府和尼泊尔国王陛下政府关于两国边界问题的协定*

（1960年3月21日）

中华人民共和国政府和尼泊尔国王陛下政府满意地看到，两国一向尊重现有的传统习惯边界线，和睦相处。为了正式解决两国边界线现存的某些出入，并且科学地画出和正式地标定整个边界线，为了巩固和进一步发展两国的友好关系，两国政府决定在和平共处五项原则的指导下，缔结本协定，并且议定下列各条：

第一条

缔约双方同意，两国的全部边界以现有的传统习惯线为基础，通过友好协商科学地画出和正式地标定。

第二条

为了确定边界线的具体位置，并且使两国边界能够用法律的形式肯定下来，缔约双方决定成立由双方同等人数的代表组成的联合委员会，并且责成该委员会根据本协定第三条的规定，商谈解决有关中尼边界的各项具体问题，进行勘察边界、树立界桩、起草中尼边界条约等工作。联合委员会将在中尼两国的首都或者中尼两国的其他地点举行会议。

---

* 本篇材料见《中尼关于两国边界问题的协定》，《人民日报》1960年3月25日第1版。

第三条

缔约双方研究了互相交换的地图对于两国边界的画法和双方提供的各自在两国边境地区的实际管辖情况，认为双方对于传统习惯线的认识，除了部分的出入以外，基本上是一致的。缔约双方决定根据三种不同的情况，按照下列办法具体确定两国的边界：

一、双方的地图上两国边界线相符合的地段。

这些地段的边界线按双方地图上一致的画法确定。联合委员会将派出由双方同等人数的人员组成的联合勘察队，进行实地勘察，树立界桩。

在这些地段的边界线按照本款的规定确定以后，线北地区肯定属于中国，线南地区肯定属于尼泊尔，缔约双方对于对方境内的某些地区将不提出要求。

二、双方的地图上两国边界线虽然不相符合，但是双方的实际管辖情况却是无争议的地段。

联合委员会将派出由双方同等人数的人员组成的联合勘察队，进行实地勘察，根据实际地形（例如分水岭、河谷、山口等）和双方的实际管辖情况，确定这些地段的边界线，并且树立界桩。

三、双方的地图上两国边界线既不相符合，而双方对于实际管辖的情况又有不同认识的地段。

联合委员会将派出由双方同等人数的人员组成的联合小组，实地查明这些地段的实际管辖情况，根据平等互利、友好互让的原则进行调整，确定这些地段的边界线，并且树立界桩。

第四条

缔约双方决定，为了确保边境的安谧和友好，每一方在边界本侧二十公里的地区内，除了保持行政人员和民警以外，不再派出武装人员进行巡逻。

第五条

本协定须经批准，批准书应尽速在加德满都交换。

本协定在互换批准书以后立即生效，到两国政府将签订的中尼边界条约生效时自动失效。

本协定于一九六〇年三月二十一日订于北京，共两份，每份都用中文、尼泊尔文和英文写成，三种文本具有同等效力。

中华人民共和国政府全权代表　　尼泊尔国王陛下政府全权代表
　　　　周恩来　　　　　　　　　　毕·普·柯伊拉腊
　　　　（签字）　　　　　　　　　　　（签字）

中华人民共和国政府声明*

（1962年11月21日）

1962年11月21日零时于北京

两年来，印度军队先在中印边界西段，后在东段，越过中印双方实际控制线，蚕食中国领土，建立侵略据点，挑起多次边境冲突。印度军队凭借他们已经侵占的有利军事阵地，经过充分准备，终于在1962年10月20日向中国边防部队发动全面的大规模武装进攻。到现在为止，这场由印度方面蓄意挑起的边境冲突，已经延续了一个月。

对于印度方面日益严重的入侵和挑衅，中国政府曾经连续地提出警告，指出后果的严重性。为了避免边境冲突，中国边防部队始终保持了最大的克制和忍让。但是，中国方面的这一切努力都归于无效，印度方面的侵略活动有增无已。最后，在忍无可忍、退无可退的情况下，中国边防部队没有别的选择，只有坚决进行自卫反击。在这次大规模边境冲突发生以后，中国政府又迅速采取主动，力求扑灭已经燃起的战火。10月24日，即这次边境冲突爆发后的第四天，中国政府提出了停止边境冲突、重开和平谈判、解决中印边界问题的三项合理建议。这三项建议是：

一、双方确认中印边界问题必须通过谈判和平解决。在和平解决前，中国政府希望印度政府同意，双方尊重在整个中印边界上存在于双方之间的实际控制线，双方武装部队从这条线各自后撤二十公里，脱离接触。

二、在印度政府同意前项建议的情况下，中国政府愿意通过双方协

---

* 本篇材料见《为扭转中印边境冲突严重局势　促进三项建议实现　维护中印人民根本利益　我国政府决定边防部队全线主动停火主动后撤》，《人民日报》1962年11月21日第1版。

商，把边界东段的中国边防部队撤回到实际控制线以北；同时，在边界的中段和西段，中印双方保证不越过实际控制线，即传统习惯线。

有关双方武装部队脱离接触和停止武装冲突事宜，由中印两国政府指派官员谈判。

三、中国政府认为，为了谋求中印边界问题的友好解决，中印两国总理应该再一次举行会谈。在双方认为适当的时候，中国政府欢迎印度总理前来北京；如果印度政府有所不便，中国总理愿意前往德里，进行会谈。

印度政府在接到中国政府三项建议的当天，就迫不及待地拒绝了这些建议，并且坚持要中国政府同意恢复1962年9月8日以前的边界状态，这就是说，印度要重新侵占大片中国领土，使印度军队重新处于随时可以向中国边防部队发动大规模武装进攻的态势。11月14日，尼赫鲁总理在给周恩来总理的复信中，又提出了更加无理的要求，一方面要求中国政府同意印度军队恢复9月8日以前的位置，另一方面要求中国边防部队不仅退到9月8日的位置，而且在西段还要再退到印度片面为中国边防部队规定的所谓1959年11月7日的位置，也就是要中国再让出五六千平方英里即一万三千到一万五千平方公里的领土。与此同时，印度政府仗恃美国的大量军事援助，在中印边界东段和西段，重新发动强大进攻，执意扩大边境冲突。

印度政府采取这种极其无理的态度，绝不是偶然的。印度政府为了内政和外交上的需要，长期以来的政策就是蓄意使中印边界问题悬而不决，使两国武装部队保持接触，使中印边境局势保持紧张。在印度政府认为对它有利的时候，它就利用这种局势在中印边境进行武装入侵和武装挑衅，直到挑起武装冲突。否则，印度政府就利用这种局势对中国进行冷战。多年来的经验表明，印度政府总是千方百计地堵塞中国政府为和平解决中印边界问题所开辟的途径。印度政府的这种政策完全违背中印两国人民的根本利益和世界各国人民的共同愿望，只能对帝国主义有利。

中国政府的三项建议最为公平合理，是唯一能够避免边境冲突、保证边境安宁和导致中印边界问题和平解决的建议。中国政府坚持这三项建议。但是，印度政府直到现在还拒绝这三项建议，继续扩大边境冲突，使中印边境局势日趋严重。为了扭转这种局势，中国政府决定主动采取措施，促进这三项建议的实现。

中国政府现在宣布：

一、从本声明发表之次日，即1962年11月22日零时起，中国边防部队在中印边界全线停火。

二、从1962年12月1日起，中国边防部队将从1959年11月7日存在于中印双方之间的实际控制线，后撤二十公里。

在东段，中国边防部队虽然至今是在传统习惯线以北的中国领土上进行自卫反击，但仍准备从目前的驻地撤回到实际控制线，即非法的麦克马洪线以北，并且从这条线再后撤二十公里。

在中段和西段，中国边防部队将从实际控制线后撤二十公里。

三、为了保证中印边境地区人民的正常往来、防止破坏分子的活动和维持边境的秩序，中国将在实际控制线本侧的若干地点设立检查站，在每一个检查站配备一定数量的民警。中国政府将经过外交途径把上述检查站的位置通知印度政府。

中国政府主动采取的这些措施，表现了中国政府对于停止边境冲突、和平解决中印边界问题的极大诚意。特别应该指出，中国边防部队后撤之后的位置，将会远离他们在1962年9月8日以前的位置。中国政府希望，由于中国采取上述主动措施，印度政府将会考虑印度人民和世界各国人民的愿望，改弦易辙，作出积极的响应。在印度政府同意采取相应措施的情况下，中印两国政府可以立即指派官员在中印边界各段双方协议的地点会晤，商谈有关双方武装部队各自后撤二十公里形成一个非军事区、双方在实际控制线本侧设立检查站和归还被俘人员的事宜。

在双方官员会谈取得结果并且付诸实施以后，两国总理就可以举行会谈，进一步谋求中印边界问题的友好解决。中国政府欢迎印度总理前来北京；如果印度政府有所不便，中国总理愿意前往德里，进行会谈。

中国政府真诚期待印度政府作出积极的响应。即使印度政府不能及时作出这种响应，中国政府也将按规定日期主动地执行上述措施。

但是，中国政府不能不估计到可能出现的下列情况：1. 在中国边防部队停火以后和后撤的过程中，印度军队继续进攻；2. 在中国边防部队沿整个实际控制线后撤二十公里以后，印度军队在东段重新推进到实际控制线、即非法的麦克马洪线，在中段和西段继续留在实际控制线沿线不撤；3. 在中国边防部队沿整个实际控制线后撤二十公里以后，印度军队越过实际控制线，恢复他们在9月8日以前的位置，也就是说，在东段，再一次越过非法的麦克马洪线，侵占线北的克节朗河地区，在中段，再一次侵占乌热，在西段，恢复在中国境内的奇普恰普河谷、加勒万河谷、班公湖地区和碟穆绰克地区的四十三个侵略据点，或者建立更多的侵略据点。中国政府郑重地声明，如果出现上述情况，中国保留进行自卫还击的权利，由此而产生的一切严重后果必须由印度政府承担全部责任。世界人民将会看得更清楚，谁是爱好和平的，谁是好战的；谁是维护中印人民友谊，维护亚非团结的，谁是破坏中印人民友谊，破坏亚非团结的；谁是维护亚非各国人民在反对帝国主义和殖民主义的斗争中的共同利益的，谁是违反和破坏这个共同利益的。

中印边界问题是两个亚洲国家之间的问题。中印两国应该和平解决这个问题，不应该因为这个问题而兵戎相见，更不应该容许美帝国主义插手进来，把目前这场不幸的边境冲突发展成为亚洲人打亚洲人的战争。中国政府经过反复考虑决定采取的这项重大措施，正是从维护中印两国人民的根本利益、加强亚非团结和保障世界和平的一贯立场出发的。中国政府呼吁亚非各国和一切爱好和平的国家和人民作出努力，推动印度政府采取相应措施，停止边境冲突，重开和平谈判，解决中印边界问题。

拓展阅读

1. 周恩来：《关于华侨的双重国籍问题》，1955年4月27日，载中华人民共和国外交部、中共中央文献研究室编《周恩来外交文选》，中央文献出版社，1990，第135—139页。

2. 周恩来：《关于中缅边界问题的报告》，1957年7月9日，载中华人民共和国外交部、中共中央文献研究室编《周恩来外交文选》，中央文献出版社，1990，第230—238页。

3. 《建议中印武装各退二十公里　两国总理最近期间举行会谈》，《人民日报》1959年11月10日第1版。

4. 毛泽东：《中尼边界要永远和平友好》，1960年3月18日，载中华人民共和国外交部、中共中央文献研究室编《毛泽东外交文选》，中央文献出版社、世界知识出版社，1994，第389—397页。

第六讲
中苏关系的恶化

从20世纪50年代中后期开始,由于在意识形态、外交政策、社会主义阵营成员国关系等重大问题上出现重大分歧,中国对苏联有批评也有维护。但随着中苏之间裂痕的逐步扩大,中苏两党进行了长达十年的大辩论。特别是从1963年9月至1964年10月,中国连续发表了9篇评论文章,系统阐述了中国在斯大林的历史评价、国际共产主义运动、民族解放运动等一系列问题上的观点。这些文章集中批判了苏联领导人赫鲁晓夫的"现代修正主义",被统称为"九评"。与此同时,苏联方面也发表了一系列论战文章。

1965年3月,中国拒绝参加苏联组织的各国共产党和工人党协商会晤,这标志着国际共产主义运动组织上的分裂。中苏两国关系随之降至冰点,最终导致1969年3月和8月两国在边境地区发生武装冲突,即"珍宝岛事件"和"铁列克提事件"。1969年9月,中国总理周恩来与苏联部长会议主席柯西金在北京机场举行会谈,初步遏制了中苏两国边界冲突不断升级的情况。随后,周恩来又致信柯西金,阐述了中国对解决中苏边界问题的立场。

20世纪80年代初,中国进行了外交政策的重大调整,确立了独立自主的和平外交政策,并开始着手实现中苏关系正常化。中国领导人提出中苏关系存在三大障碍,只有解决了这些障碍,中苏关系才能最终实现正常化。20世纪80年代末,苏联采取措施逐步解决了中苏关系三大障碍,中苏关系正常化的条件开始成熟。1989年

5月，苏联最高苏维埃主席团主席、苏共中央总书记戈尔巴乔夫访华，邓小平与他进行了会谈。至此，中苏关系正常化完全实现。由于随后不久就发生了苏东剧变，中苏关系也开始向中俄关系过渡。

本讲只列出拓展阅读的材料，不再选编参考资料。

拓展阅读

1.《关于无产阶级专政的历史经验》,《人民日报》1956年4月5日第1版。

2.《再论无产阶级专政的历史经验》,《人民日报》1956年12月29日第1版。

3. 毛泽东:《国际形势到了一个新的转折点》,1957年11月18日,载中华人民共和国外交部、中共中央文献研究室编《毛泽东外交文选》,中央文献出版社、世界知识出版社,1994,第291—300页。

4. 毛泽东:《关于苏联请求在中国建立特种长波无线电台问题》,1958年6月7日,载中华人民共和国外交部、中共中央文献研究室编《毛泽东外交文选》,中央文献出版社、世界知识出版社,1994,第316—317页。

5. 毛泽东:《同苏联驻华大使尤金的谈话》,1958年7月22日,载中华人民共和国外交部、中共中央文献研究室编《毛泽东外交文选》,中央文献出版社、世界知识出版社,1994,第322—333页。

6.《列宁主义万岁——纪念列宁诞生90周年》,《人民日报》1960年4月20日第1版。

7.《评莫斯科三月会议》,《人民日报》1965年3月23日第1版。

8. 周恩来:《致柯西金的信》,1969年9月18日,载中华人民共和国外交部、中共中央文献研究室编《周恩来外交文选》,中央文献出版社,1990,第462—464页。

第七讲
发展与"中间地带"的友谊

20世纪60年代,中美关系持续紧张,中苏关系也不断恶化,中国开始向"中间地带"国家,也就是亚非拉发展中国家和除美国外的西方发达国家,寻求友谊和支持。中国大力推动中日民间外交的开展,坚决支持广大亚非国家反对殖民主义和帝国主义的斗争,提出了发展与阿拉伯国家和非洲国家关系的五项原则和对外援助的八项原则,与大批非洲新独立的国家建立外交关系,形成了新中国历史上的第二次建交高潮。同时,中国还与西方大国——法国建立了外交关系,并坚决支持越南人民的抗美斗争。在此基础上,毛泽东主席提出了两个"中间地带"的理论。本讲共选取6篇参考资料,基本上反映了上述的重大外交事件。

中华人民共和国政府1956年8月15日发表关于苏伊士运河问题的声明[*]

（1956年8月15日）

埃及把苏伊士运河[①]公司收归国有，这是埃及为了维护自己的主权和独立而采取的正义行动；不论从法律上或道义上来说，埃及的这一行动都是完全正当的。中国政府和人民完全支持埃及政府这一维护自己主权和独立的正义行动。

埃及人民用自己的血汗在自己的领土上开凿了苏伊士运河。一切有关苏伊士运河的国际条约都不能不承认，苏伊士运河是埃及不可分割的一部分；苏伊士运河公司是一个埃及公司，受埃及法律和习惯的管辖。作为一个主权和独立的国家，埃及完全有权把苏伊士运河公司收归国有。近一百年来，殖民主义者控制了这个埃及公司的股票，通过这个公司，侵犯埃及的主权，剥削埃及的人民。在亚非人民已经觉醒的时代里，这种情况是不能容许继续下去的。

美、英、法三国在八月二日发表的联合声明里，硬把苏伊士运河公司国有化的问题同这条运河的航行自由问题混淆起来，企图以此为借口，来维持它们殖民主义的特权，剥夺埃及对苏伊士运河的主权。这种借口是完全站不住的。埃及政府早已一再声明，保证尊重苏伊士运河的航行自由。自从苏伊士运河公司国有化以来，运河的航行自由丝毫也没有受到影响。这些事实响亮地驳斥了所谓运河的航行自由遭到威胁的论调。

---

[*] 本篇材料见《我国政府就苏彝士运河问题发表声明　支持埃及召开广泛性国际会议的建议　谴责美英法三国威胁埃及企图干涉埃及内政的行为》，《人民日报》1956年8月16日第1版。

[①] 原文为"苏彝士运河"，余同。

但是，美、英、法三国却横暴地对埃及施用压力。它们冻结了埃及在它们国家里的财产和资金。它们调动武装部队，炫耀使用武力，进行武力威胁。它们的这种行动不仅仅是对埃及一个国家的威胁，而且是对一切要求摆脱殖民统治、要求维护自己的主权和独立的国家的威胁，对整个世界和平和安全的威胁。亚非国家和一切爱好和平的国家和人民，都不能不强烈地谴责这种严重违反联合国宪章和国际法准则的行为。

美、英、法三国没有同埃及进行协商，就决定召集一个由二十四个国家参加的伦敦会议。根据三国发表的联合声明来看，它们企图在这个会议上，把事先片面决定的所谓在国际制度下对苏伊士运河的经营安排的办法，强加在其他参加国的身上。这种国际经营安排的办法，显然是对埃及内政的干涉，对埃及主权的侵犯。在这样的情况下，埃及拒绝参加这一会议是完全可以理解的。同时，正如印度尼赫鲁总理和苏联政府以及许多其他国家所指出，很多有关国家都被排除在这一会议之外。苏联政府并且具体提出，在讨论同苏伊士运河航行自由有关的问题的时候，至少还应该有其他二十二个国家参加，其中包括中华人民共和国。令人遗憾的是，苏联的这一合理的建议并没有得到美、英、法三国的赞同。很显然，这样的一个会议没有权利对苏伊士运河问题作出决定，更没有任何权利讨论涉及埃及主权的问题。

亚非国家在万隆会议中曾经一致宣布，殖民主义在其一切表现中都是一种应该迅速予以根除的祸害。亚非国家在万隆会议中还曾经肯定了按照联合国宪章以和平方法解决国际争端的原则。中国政府坚决维护万隆会议的这些决议。中国政府认为，埃及把苏伊士运河公司收归国有的主权行为是不容许任何外国进行干涉的；有关苏伊士运河航行自由的问题，是能够通过和平协商求得解决的。英国和法国在这次事件前，曾经采取过一些有利于和缓国际紧张局势的比较明智的行动。中国政府希望，英国和法国将本着这种精神来对待苏伊士运河的问题。任何武力威胁和武力干涉的行为将必然引起亚非人民和全世界人民的坚决反对，而且对于英国和法国来说，也绝不会是有利的。

埃及政府已经本着万隆会议的精神，建议召开由有关国家广泛参加的会议，以便审查君士坦丁堡公约，并且考虑由所有这些国家缔结一个协定来重新肯定和保证苏伊士运河的航行自由。中国政府热烈支持埃及这一建议所充分表现的和平协商的精神，并且认为这一建议是解决由于苏伊士运河问题而产生的复杂局势的合理途径。

中国政府和阿联政府联合公报（节选）*

（1963年12月21日）

....

周恩来总理郑重表示，中国一贯主张并且信守和平共处五项原则和万隆会议十项原则。正是从这些原则出发，中国政府在处理同阿拉伯各国的关系时，一向坚持不渝地采取以下的立场：一、支持阿拉伯各国人民反对帝国主义、争取和维护民族独立的斗争。二、支持阿拉伯各国政府奉行和平中立的不结盟政策。三、支持阿拉伯各国人民用自己选择的方式实现团结和统一的愿望。四、支持阿拉伯各国通过和平协商解决彼此之间的争端。五、主张阿拉伯各国的主权应当得到所有其他国家的尊重，反对来自任何方面的侵犯和干涉。这一立场也是中国政府在处理同所有非洲国家关系时一贯坚持的立场。纳赛尔总统表示完全赞同周恩来总理所表明的中国政府的上述立场。

....

---

* 本篇材料见《中国政府和阿联政府联合公报》，《人民日报》1963年12月23日第1版。阿联指阿拉伯联合共和国，1958年由埃及、叙利亚和也门联合组成。后来，叙利亚和也门相继退出，埃及使用阿拉伯联合共和国的国名直至1972年。

毛泽东关于"中间地带有两部分"的论述*

（1964年1月5日）

下午，在人民大会堂福建厅会见日本共产党中央政治局委员听涛克己，伍修权在座。在谈到国际形势时，毛泽东说：中间地带有两部分，一部分是指亚洲、非洲、拉丁美洲的广大经济落后的国家，一部分是指以欧洲为代表的帝国主义国家和发达的资本主义国家。这两部分都反对美国的控制。在东欧各国则发生反对苏联控制的问题。

---

* 本篇材料见中共中央文献研究室编《毛泽东年谱（1949—1976）》（第五卷），中央文献出版社，2013，第301页。

中国和马里联合公报（节选）*

（1964年1月21日）

…………

周恩来总理郑重表示，中国政府在对外提供经济技术援助的时候，严格遵守以下八项原则：

第一，中国政府一贯根据平等互利的原则对外提供援助，从来不把这种援助看作是单方面的赐予，而认为援助是相互的。

第二，中国政府在对外提供援助的时候，严格尊重受援国的主权，绝不附带任何条件，绝不要求任何特权。

第三，中国政府以无息或者低息贷款的方式提供经济援助，在需要的时候延长还款期限，以尽量减少受援国的负担。

第四，中国政府对外提供援助的目的，不是造成受援国对中国的依赖，而是帮助受援国逐步走上自力更生、经济上独立发展的道路。

第五，中国的政府帮助受援国建设的项目，力求投资少，收效快，使受援国政府能够增加收入，积累资金。

第六，中国政府提供自己所能生产的、质量最好的设备和物资，并且根据国际市场的价格议价。如果中国政府所提供的设备和物资不合乎商定的规格和质量，中国政府保证退换。

第七，中国政府对外提供任何一种技术援助的时候，保证做到使受援国的人员充分掌握这种技术。

第八，中国政府派到受援国帮助进行建设的专家，同受援国自己的专家享受同样的物质待遇，不容许有任何特殊要求和享受。

…………

---

* 本篇材料见《中国和马里联合公报》，《人民日报》1964年1月22日第1版。

中法建交公报*

（1964年1月27日）

中华人民共和国政府和法兰西共和国政府一致决定建立外交关系。两国政府为此商定在三个月内任命大使。

---

* 本篇材料见中华人民共和国外交部网站：https://www.mfa.gov.cn/web/gjhdq_676201/gj_676203/oz_678770/1206_679134/1207_679146/196401/t19640127_9338918.shtml，访问日期：2022年4月26日。

周恩来对巴基斯坦《黎明报》记者的一段谈话*

（1966年4月10日）

一九六六年四月十日，周恩来总理在接见巴基斯坦《黎明报》记者伊查兹·侯赛因先生时，谈到了有关中国对美国政策的四句话。全文如下：

（一）中国不会主动挑起对美国的战争。中国没有派兵去夏威夷，是美国侵占了中国领土台湾省。尽管这样，中国仍然努力通过谈判要求美国从台湾省和台湾海峡地区撤走它的一切武装力量，并且已经先后在日内瓦和华沙同美国就这个绝不能让步的原则问题谈了十多年。这就是一个很好的证明。

（二）中国人说话是算数的。那就是，如果亚洲、非洲或世界上任何国家遭到以美国为首的帝国主义的侵略，中国政府和中国人民是一定要给以支持和援助的。如果由于这种正义行动引起美国侵犯中国，我们将毫不犹豫地奋起抵抗，战斗到底。

（三）中国是作了准备的。如果美国把战争强加于中国，不论它来多少人，用什么武器，包括核子武器在内，可以肯定地说，它将进得来，出不去。既然一千四百万越南南方人民对付得了二十几万美军，那么六亿五千万中国人民也肯定对付得了一千万美军。美国侵略者不管来多少，必将被消灭在中国。

（四）战争打起来，就没有界限。美国有些军事家想依靠海空优势轰炸中国，而不打地面战争。这是一厢情愿。战争既然以空战或海战开始，

---

* 本篇材料见《关于中国对美国政策的四句话——周总理对巴基斯坦〈黎明报〉记者的一段谈话》，《人民日报》1966年5月10日第1版。

那么，战争如何继续进行，就由不得美国一方作主了。你能从空中来，难道我们不能从陆上去吗？因此，我们说，战争一旦打起来，就再没有什么界限。

拓展阅读

1. 周恩来:《中日两国人民要多多来往,为两国关系正常化铺平道路》,1956年6月28日,载中华人民共和国外交部、中共中央文献研究室编《周恩来外交文选》,中央文献出版社,1990,第168—171页。

2. 毛泽东:《中国人民支持埃及人民收回苏伊士运河》,1956年9月17日,载中华人民共和国外交部、中共中央文献研究室编《毛泽东外交文选》,中央文献出版社、世界知识出版社,1994,第247—249页。

3. 毛泽东:《非洲是斗争的前线》,1961年4月27日,载中华人民共和国外交部、中共中央文献研究室编《毛泽东外交文选》,中央文献出版社、世界知识出版社,1994,第463—467页。

4. 毛泽东:《中法之间有共同点》,1964年1月30日,载中华人民共和国外交部、中共中央文献研究室编《毛泽东外交文选》,中央文献出版社、世界知识出版社,1994,第520—525页。

5. 毛泽东:《赞成越南又打又谈的方针》,1968年11月7日,载中华人民共和国外交部、中共中央文献研究室编《毛泽东外交文选》,中央文献出版社、世界知识出版社,1994,第580—583页。

第八讲
中美关系的缓和

20世纪60年代末，苏联逐渐成为中国国家安全的主要威胁。为了应对苏联的军事压力和威胁，中国开始着手改善与美国的关系。由于中美两国对峙的时间很长，因此双边关系改善的过程是复杂而敏感的。两国都谨慎地释放着友善的信号，还通过"乒乓外交"增进了友谊，并促成1972年2月美国总统尼克松访华，结束了两国长期隔绝的状态。在尼克松结束访华前夕，中美两国发表了《上海公报》。《上海公报》是中美之间的第一个联合公报，成为推动中美关系迈出走向正常化的重要一步。本讲共选取3篇参考资料，展现了"乒乓外交"、毛泽东与尼克松的会谈等重大历史事件，并呈现了作为中美关系政治基础之一的《上海公报》的全部内容。

周恩来会见美国乒乓球代表团*

(1971年4月14日)

中华人民共和国国务院总理周恩来今天下午会见了应邀前来我国进行访问的加拿大、哥伦比亚、英格兰、尼日利亚和美国的乒乓球代表团全体成员,同他们进行了友好的谈话。

…………

周恩来总理在同美国乒乓球代表团谈话时说,中美两国人民过去的来往是很频繁的,以后割断了一个很长的时间。你们这次应邀来访,打开了两国人民友好往来的大门。我们相信中美两国人民的友好往来将会得到两国人民大多数的赞成和支持。斯廷霍文团长和代表团成员赞扬中国人民好客,并且对美国乒乓球代表团能够访问中国,表示高兴。

---

* 本篇材料见《周恩来总理会见加拿大、哥伦比亚、英格兰、尼日利亚、美国乒乓球代表团》,《人民日报》1971年4月15日第1版。

毛泽东会见尼克松[*]

（1972年2月21日）

　　下午二时四十分至三时五十分，在中南海游泳池住处会见尼克松，周恩来、基辛格在座。这是中华人民共和国成立后中美两国最高领导人的首次会晤。……谈到中美关系正常化的问题时，毛泽东说：来自美国方面的侵略，或者来自中国方面的侵略，这个问题比较小，也可以说不是大问题，因为现在不存在我们两个国家互相打仗的问题。你们想撤一部分兵回国，我们的兵也不出国。可是我们两家也怪得很，过去二十二年总是谈不拢，现在的来往从打乒乓球算起只有十个月，如果从你们在华沙提出建议时算起有两年多了。我们办事也有官僚主义。你们要搞人员往来这些事，要搞点小生意，我们就死也不肯。十几年，说是不解决大问题，小问题就不干，包括我在内。后来发现还是你们对，所以就打乒乓球。

---

[*] 本篇材料见中共中央文献研究室编《毛泽东年谱（1949—1976）》（第六卷），中央文献出版社，2013，第427—428页。

上海公报*

（1972年2月28日）

应中华人民共和国总理周恩来的邀请，美利坚合众国总统理查德·尼克松自一九七二年二月二十一日至二月二十八日访问了中华人民共和国。陪同总统的有尼克松夫人、美国国务卿威廉·罗杰斯、总统助理亨利·基辛格博士和其他美国官员。

尼克松总统于二月二十一日会见了中国共产党主席毛泽东。两位领导人就中美关系和国际事务认真、坦率地交换了意见。

访问中，尼克松总统和周恩来总理就美利坚合众国和中华人民共和国关系正常化以及双方关心的其他问题进行了广泛、认真和坦率的讨论。此外，国务卿威廉·罗杰斯和外交部长姬鹏飞也以同样精神进行了会谈。

尼克松总统及其一行访问了北京，参观了文化、工业和农业项目，还访问了杭州和上海，在那里继续同中国领导人进行讨论，并参观了类似的项目。

中华人民共和国和美利坚合众国领导人经过这么多年一直没有接触之后，现在有机会坦率地互相介绍彼此对各种问题的观点，对此，双方认为是有益的。他们回顾了经历着重大变化和巨大动荡的国际形势，阐明了各自的立场和态度。

中国方面声明：哪里有压迫，哪里就有反抗。国家要独立，民族要解放，人民要革命，已成为不可抗拒的历史潮流。国家不分大小，应该一律平等，大国不应欺负小国，强国不应欺负弱国。中国决不做超级大国，并

---

* 本篇材料见《联合公报》，《人民日报》1972年2月28日第1版。本篇材料原题为《联合公报》，由于是在上海发表，故史称《上海公报》。

且反对任何霸权主义和强权政治。中国方面表示：坚决支持一切被压迫人民和被压迫民族争取自由、解放的斗争；各国人民有权按照自己的意愿，选择本国的社会制度，有权维护本国独立、主权和领土完整，反对外来侵略、干涉、控制和颠覆。一切外国军队都应撤回本国去。中国方面表示：坚决支持越南、老挝、柬埔寨三国人民为实现自己的目标所作的努力，坚决支持越南南方共和临时革命政府的七点建议以及在今年二月对其中两个关键问题的说明和印度支那人民最高级会议联合声明；坚决支持朝鲜民主主义人民共和国政府一九七一年四月十二日提出的朝鲜和平统一的八点方案和取消"联合国韩国统一复兴委员会"的主张；坚决反对日本军国主义的复活和对外扩张，坚决支持日本人民要求建立一个独立、民主、和平和中立的日本的愿望；坚决主张印度和巴基斯坦按照联合国关于印巴问题的决议，立即把自己的军队全部撤回到本国境内以及查谟和克什米尔停火线的各自一方，坚决支持巴基斯坦政府和人民维护独立、主权的斗争以及查谟和克什米尔人民争取自决权的斗争。

美国方面声明：为了亚洲和世界的和平，需要对缓和当前的紧张局势和消除冲突的基本原因作出努力。美国将致力于建立公正而稳定的和平。这种和平是公正的，因为它满足各国人民和各国争取自由和进步的愿望。这种和平是稳定的，因为它消除外来侵略的危险。美国支持全世界各国人民在没有外来压力和干预的情况下取得个人自由和社会进步。美国相信，改善具有不同意识形态的国与国之间的联系，以便减少由于事故、错误估计或误会而引起的对峙的危险，有助于缓和紧张局势的努力。各国应该互相尊重并愿进行和平竞赛，让行动作出最后判断。任何国家都不应自称一贯正确，各国都要准备为了共同的利益重新检查自己的态度。美国强调：应该允许印度支那各国人民在不受外来干涉的情况下决定自己的命运；美国一贯的首要目标是谈判解决；越南共和国和美国在一九七二年一月二十七日提出的八点建议提供了实现这个目标的基础；在谈判得不到解决时，美国预计在符合印度支那每个国家自决这一目标的情况下从这个地区最终撤出所有美国军队。美国将保持其与大韩民国的密切联系和对它的支持；美国将支持大韩民国为谋求在朝鲜半岛缓和紧张局势和增加联系的努力。美国最高度地珍视同日本的友好关系，并将继续发展现存的紧密纽带。按照一九七一年十二月二十一日联合国安全理事会的决议，美国赞成印度和巴基斯坦之间的停火继续下去，并把全部军事力量撤至本国境内以及查谟和克什米尔停火线的各自一方；美国支持南亚各国人民和平地、不受军事威胁地建设自己的未来的权利，而不使这个地区成为大国竞争的目标。

中美两国的社会制度和对外政策有着本质的区别。但是，双方同意，各国不论社会制度如何，都应根据尊重各国主权和领土完整、不侵犯别国、不干涉别国内政、平等互利、和平共处的原则来处理国与国之间的关系。国际争端应在此基础上予以解决，而不诉诸武力和武力威胁。美国和中华人民共和国准备在他们的相互关系中实行这些原则。

考虑到国际关系的上述这些原则，双方声明：

——中美两国关系走向正常化是符合所有国家的利益的；

——双方都希望减少国际军事冲突的危险；

——任何一方都不应该在亚洲—太平洋地区谋求霸权，每一方都反对任何其他国家或国家集团建立这种霸权的努力；

——任何一方都不准备代表任何第三方进行谈判，也不准备同对方达成针对其他国家的协议或谅解。

双方都认为，任何大国与另一大国进行勾结反对其他国家，或者大国在世界上划分利益范围，那都是违背世界各国人民利益的。

双方回顾了中美两国之间长期存在的严重争端。中国方面重申自己的立场：台湾问题是阻碍中美两国关系正常化的关键问题；中华人民共和国政府是中国的唯一合法政府；台湾是中国的一个省，早已归还祖国，解放台湾是中国内政，别国无权干涉，全部美国武装力量和军事设施必须从台湾撤走。中国政府坚决反对任何旨在制造"一中一台""一个中国、两个政府""两个中国""台湾独立"和鼓吹"台湾地位未定"的活动。

美国方面声明：美国认识到，在台湾海峡两边的所有中国人都认为只有一个中国，台湾是中国的一部分。美国政府对这一立场不提出异议。它重申它对由中国人自己和平解决台湾问题的关心。考虑到这一前景，它确认从台湾撤出全部美国武装力量和军事设施的最终目标。在此期间，它将随着这个地区紧张局势的缓和逐步减少它在台湾的武装力量和军事设施。

双方同意，扩大两国人民之间的了解是可取的。为此目的，他们就科学、技术、文化、体育和新闻等方面的具体领域进行了讨论，在这些领域中进行人民之间的联系和交流将会是互相有利的。双方各自承诺对进一步发展这种联系和交流提供便利。

双方把双边贸易看作是另一个可以带来互利的领域，并一致认为平等互利的经济关系是符合两国人民的利益的。他们同意为逐步发展两国间的贸易提供便利。

双方同意，他们将通过不同渠道保持接触，包括不定期地派遣美国高级代表前来北京，就促进两国关系正常化进行具体磋商并继续就共同关心的问题交换意见。

双方希望，这次访问的成果将为两国关系开辟新的前景。双方相信，两国关系正常化不仅符合中美两国人民的利益，而且会对缓和亚洲及世界紧张局势作出贡献。

尼克松总统、尼克松夫人及美方一行对中华人民共和国政府和人民给予他们有礼貌的款待，表示感谢。

一九七二年二月二十八日

拓展阅读

1. 毛泽东:《如果尼克松愿意来,我愿意和他谈》,1970年12月18日,载中华人民共和国外交部、中共中央文献研究室编《毛泽东外交文选》,中央文献出版社、世界知识出版社,1994,第247—249页。

2. 周恩来:《中美友好来往的大门终于打开了》,1972年2月21日,载中华人民共和国外交部、中共中央文献研究室编《周恩来外交文选》,中央文献出版社,1990,第492—493页。

第九讲
反对霸权主义

  20世纪70年代,中国与西方大国的关系取得重大突破,中国先后与加拿大、日本、联邦德国、澳大利亚、新西兰等西方发达国家建立外交关系,并在1979年1月1日最终与美国建立了外交关系,迎来了新中国历史上的第三次建交高潮。中国与西方大国关系取得重要进展的一个原因是双方都面临苏联扩张所带来的威胁。20世纪70年代,毛泽东主席先后提出了"一条线、一大片"的反对霸权主义统一战线的战略和"三个世界"划分的理论,中国的外交战略使得中国与西方国家在安全利益上有了契合点。这样,社会制度不同且曾经长期对立的国家才最终走到了一起。本讲共选取6篇参考资料,分别展示了这一时期中日关系和中美关系的进展,以及"三个世界"划分理论的基本内容。

中华人民共和国政府日本国政府联合声明*

(1972年9月29日)

日本国内阁总理大臣田中角荣应中华人民共和国国务院总理周恩来的邀请,于一九七二年九月二十五日至九月三十日访问了中华人民共和国。陪同田中角荣总理大臣的有大平正芳外务大臣、二阶堂进内阁官房长官以及其他政府官员。

毛泽东主席于九月二十七日会见了田中角荣总理大臣。双方进行了认真、友好的谈话。

周恩来总理、姬鹏飞外交部长和田中角荣总理大臣、大平正芳外务大臣,始终在友好气氛中,以中日两国邦交正常化问题为中心,就两国间的各项问题,以及双方关心的其他问题,认真、坦率地交换了意见,同意发表两国政府的下述联合声明:

中日两国是一衣带水的邻邦,有着悠久的传统友好的历史。两国人民切望结束迄今存在于两国间的不正常状态。战争状态的结束,中日邦交的正常化,两国人民这种愿望的实现,将揭开两国关系史上新的一页。

日本方面痛感日本国过去由于战争给中国人民造成的重大损害的责任,表示深刻的反省。日本方面重申站在充分理解中华人民共和国政府提出的"复交三原则"的立场上,谋求实现日中邦交正常化这一见解。中国方面对此表示欢迎。

中日两国尽管社会制度不同,应该而且可以建立和平友好关系。两国邦交正常化,发展两国的睦邻友好关系,是符合两国人民利益的,也是对

---

* 本篇材料见《中华人民共和国政府日本国政府联合声明》,《人民日报》1972年9月30日第1版。

缓和亚洲紧张局势和维护世界和平的贡献。

（一）自本声明公布之日起，中华人民共和国和日本国之间迄今为止的不正常状态宣告结束。

（二）日本国政府承认中华人民共和国政府是中国的唯一合法政府。

（三）中华人民共和国政府重申：台湾是中华人民共和国领土不可分割的一部分。日本国政府充分理解和尊重中国政府的这一立场，并坚持遵循波茨坦公告第八条的立场。

（四）中华人民共和国政府和日本国政府决定自一九七二年九月二十九日起建立外交关系。两国政府决定，按照国际法和国际惯例，在各自的首都为对方大使馆的建立和履行职务采取一切必要的措施，并尽快互换大使。

（五）中华人民共和国政府宣布：为了中日两国人民的友好，放弃对日本国的战争赔偿要求。

（六）中华人民共和国政府和日本国政府同意在互相尊重主权和领土完整、互不侵犯、互不干涉内政、平等互利、和平共处各项原则的基础上，建立两国间持久的和平友好关系。

根据上述原则和联合国宪章的原则，两国政府确认，在相互关系中，用和平手段解决一切争端，而不诉诸武力和武力威胁。

（七）中日邦交正常化，不是针对第三国的。两国任何一方都不应在亚洲和太平洋地区谋求霸权，每一方都反对任何其他国家或集团建立这种霸权的努力。

（八）中华人民共和国政府和日本国政府为了巩固和发展两国间的和平友好关系，同意进行以缔结和平友好条约为目的的谈判。

（九）中华人民共和国政府和日本国政府为进一步发展两国间的关系和扩大人员往来，根据需要并考虑到已有的民间协定，同意进行以缔结贸易、航海、航空、渔业等协定为目的的谈判。

中华人民共和国国务院总理　　　　日本国内阁总理大臣
　　周恩来（签字）　　　　　　　　田中角荣（签字）
中华人民共和国外交部长　　　　　日本国外务大臣
　　姬鹏飞（签字）　　　　　　　　大平正芳（签字）

　　　　　　　　　　　　　　　　一九七二年九月二十九日于北京

毛泽东关于"三个世界划分"的论述*

（1974年2月22日）

  下午，在中南海游泳池住处会见赞比亚总统卡翁达，周恩来、王洪文在座。谈到世界形势时，毛泽东说：希望第三世界团结起来。第三世界人口多啊。我看美国、苏联是第一世界。中间派，日本、欧洲、澳大利亚、加拿大是第二世界。咱们是第三世界。美国、苏联原子弹多，也比较富。第二世界，欧洲、日本、澳大利亚、加拿大，原子弹没有那么多，也没有那么富；但是比较第三世界要富。第三世界人口很多。亚洲除了日本，都是第三世界。整个非洲都是第三世界，拉丁美洲也是第三世界。

---

  * 本篇材料见中共中央文献研究室编《毛泽东年谱（1949—1976）》（第六卷），中央文献出版社，2013，第520—521页。

中华人民共和国和日本国和平友好条约*

（1978年8月12日）

中华人民共和国和日本国满意地回顾了自一九七二年九月二十九日中华人民共和国政府和日本国政府在北京发表联合声明以来，两国政府和两国人民之间的友好关系在新的基础上获得很大的发展；确认上述联合声明是两国间和平友好关系的基础，联合声明所表明的各项原则应予严格遵守；确认联合国宪章的原则应予充分尊重；希望对亚洲和世界的和平与安定作出贡献；为了巩固和发展两国间的和平友好关系；决定缔结和平友好条约，为此各自委派全权代表如下：

中华人民共和国委派外交部长黄华；

日本国委派外务大臣园田直。

双方全权代表互相校阅全权证书，认为妥善后，达成协议如下：

第一条

一、缔约双方应在互相尊重主权和领土完整、互不侵犯、互不干涉内政、平等互利、和平共处各项原则的基础上，发展两国间持久的和平友好关系。

二、根据上述各项原则和联合国宪章的原则，缔约双方确认，在相互关系中，用和平手段解决一切争端，而不诉诸武力和武力威胁。

---

* 本篇材料见《中华人民共和国和日本国和平友好条约》，《人民日报》1978年8月13日第3版。

第二条

缔约双方表明：任何一方都不应在亚洲和太平洋地区或其他任何地区谋求霸权，并反对任何其他国家或国家集团建立这种霸权的努力。

第三条

缔约双方将本着睦邻友好的精神，按照平等互利和互不干涉内政的原则，为进一步发展两国之间的经济关系和文化关系，促进两国人民的往来而努力。

第四条

本条约不影响缔约各方同第三国关系的立场。

第五条

一、本条约须经批准，自在东京交换批准书之日起生效。本条约有效期为十年。十年以后，在根据本条第二款的规定宣布终止以前，将继续有效。

二、缔约任何一方在最初十年期满时或在其后的任何时候，可以在一年以前，以书面预先通知缔约另一方，终止本条约。

双方全权代表在本条约上签字盖章，以昭信守。

本条约于一九七八年八月十二日在北京签订，共两份，每份都用中文和日文写成，两种文本具有同等效力。

中华人民共和国全权代表　　　　　　日本国全权代表
　　黄华（签字）　　　　　　　　　　园田直（签字）

中华人民共和国和美利坚合众国
关于建立外交关系的联合公报*

（1978年12月16日）

中华人民共和国和美利坚合众国商定自一九七九年一月一日起互相承认并建立外交关系。

美利坚合众国承认中华人民共和国政府是中国的唯一合法政府。在此范围内，美国人民将同台湾人民保持文化、商务和其他非官方关系。

中华人民共和国和美利坚合众国重申上海公报中双方一致同意的各项原则，并再次强调：

——双方都希望减少国际军事冲突的危险。

——任何一方都不应该在亚洲—太平洋地区以及世界上任何地区谋求霸权，每一方都反对任何其他国家或国家集团建立这种霸权的努力。

——任何一方都不准备代表任何第三方进行谈判，也不准备同对方达成针对其他国家的协议或谅解。

——美利坚合众国政府承认中国的立场，即只有一个中国，台湾是中国的一部分。

——双方认为，中美关系正常化不仅符合中国人民和美国人民的利益，而且有助于亚洲和世界的和平事业。

中华人民共和国和美利坚合众国将于一九七九年三月一日互派大使并建立大使馆。

---

* 本篇材料见《中华人民共和国和美利坚合众国关于建立外交关系的联合公报》，《人民日报》1978年12月17日第1版。

中华人民共和国政府声明*

（1978年12月16日）

中华人民共和国和美利坚合众国自一九七九年一月一日起互相承认并建立外交关系，从而结束了两国关系的长期不正常状态。这是中美两国关系中的历史性事件。

众所周知，中华人民共和国政府是中国的唯一合法政府，台湾是中国的一部分。台湾问题曾经是阻碍中美两国实现关系正常化的关键问题。根据上海公报的精神，经过中美双方的共同努力，现在这个问题在中美两国之间得到了解决，从而使中美两国人民热切期望的关系正常化得以实现。至于解决台湾归回祖国、完成国家统一的方式，这完全是中国的内政。

为促进中美两国人民的友谊和两国良好关系的进一步发展，应美国政府的邀请，中华人民共和国国务院副总理邓小平将于一九七九年一月份对美国进行正式访问。

---

* 本篇材料见《就中美两国建立外交关系 我国政府发表声明》，《人民日报》1978年12月17日第1版。

美利坚合众国政府声明*

（1978年12月16日）

自一九七九年一月一日起，美利坚合众国承认中华人民共和国是中国的唯一合法政府。同日，中华人民共和国给予美利坚合众国类似的承认。美国从而同中华人民共和国建立了外交关系。

同日，即一九七九年一月一日，美利坚合众国将通知台湾，结束外交关系，美国和中华民国之间的共同防御条约也将按照条约的规定予以终止。美国还声明，在四个月之内从台湾撤出美方余留的军事人员。

今后，美国人民和台湾人民将在没有官方政府代表机构，也没有外交关系的情况下保持商务、文化和其他关系。

本政府将寻求调整我们的法律和规章，以便在正常化以后的新情况下得以保持商务、文化和其他非政府的关系。

美国深信，台湾人民将有一个和平与繁荣的未来。美国继续关心台湾问题的和平解决，并期望台湾问题将由中国人自己和平地加以解决。

美国相信，同人民共和国建立外交关系将有助于美国人民的福利，有助于对美国有重大安全利益和经济利益的亚洲的稳定，并有助于全世界的和平。

---

* 本篇材料见《卡特总统发表电视讲话宣布美中建立外交关系 美国政府就美中互相承认并建立外交关系发表声明》，《人民日报》1978年12月17日第4版。

拓展阅读

1. 周恩来:《中日两国人民应该世世代代友好下去》,1972年9月25日,载中华人民共和国外交部、中共中央文献研究室编《周恩来外交文选》,中央文献出版社,1990,第494—496页。

2.《关于"一条线、一大片"战略的论述》,1973年2月、1974年1月,载中共中央文献研究室编《毛泽东年谱(1949—1976)》(第六卷),中央文献出版社,2013,第469、518页。

第十讲
奉行不结盟政策

改革开放以来,中国历史进入了新阶段,中国外交政策也掀开了新的篇章。中国对时代主题、世界格局等重大问题都做出了新的判断,确立了独立自主的和平外交政策。这一政策在20世纪80年代的核心要点就是执行不结盟的政策。中国要与美国拉开距离,同时要实现中苏关系的正常化。对一切国际事务,我们都从中国人民和世界人民的根本利益出发,根据事情本身的是非曲直决定自己的立场和政策。本讲共选取3篇参考资料,展现了20世纪80年代中国外交的重大调整,以及中美两国就美国向台湾出售武器问题达成《八一七公报》和实现中苏关系正常化的情况。

中华人民共和国和美利坚合众国联合公报*

（1982年8月17日）

一、在中华人民共和国政府和美利坚合众国政府发表的1979年1月1日建立外交关系的联合公报中，美利坚合众国承认中华人民共和国政府是中国的唯一合法政府，并承认中国的立场，即只有一个中国，台湾是中国的一部分。在此范围内，双方同意，美国人民将同台湾人民继续保持文化、商务和其他非官方关系。在此基础上，中美两国关系实现了正常化。

二、美国向台湾出售武器的问题在两国谈判建交的过程中没有得到解决。双方的立场不一致，中方声明在正常化以后将再次提出这个问题。双方认识到这一问题将会严重妨碍中美关系的发展，因而在赵紫阳总理与罗纳德·里根总统以及黄华副总理兼外长与亚历山大·黑格国务卿于1981年10月会见时以及在此以后，双方进一步就此进行了讨论。

三、互相尊重主权和领土完整、互不干涉内政是指导中美关系的根本原则。1972年2月28日的上海公报确认了这些原则。1979年1月1日生效的建交公报又重申了这些原则。双方强调声明，这些原则仍是指导双方关系所有方面的原则。

四、中国政府重申，台湾问题是中国的内政。1979年1月1日中国发表的告台湾同胞书宣布了争取和平统一祖国的大政方针。1981年9月30日中国提出的九点方针是按照这一大政方针争取和平解决台湾问题的进一步重大努力。

五、美国政府非常重视它与中国的关系，并重申，它无意侵犯中国的主权和领土完整，无意干涉中国的内政，也无意执行"两个中国"或"一

---

* 本篇材料见《中美两国政府发表联合公报》，《人民日报》1982年8月18日第1版。

中一台"的政策。美国政府理解并欣赏1979年1月1日中国发表的告台湾同胞书和1981年9月30日中国提出的九点方针中所表明的中国争取和平解决台湾问题的政策。台湾问题上出现的新形势也为解决中美两国在美国售台武器问题上的分歧提供了有利的条件。

六、考虑到双方的上述声明，美国政府声明，它不寻求执行一项长期向台湾出售武器的政策，它向台湾出售的武器在性能和数量上将不超过中美建交后近几年供应的水平，它准备逐步减少它对台湾的武器出售，并经过一段时间导致最后的解决。在作这样的声明时，美国承认中国关于彻底解决这一问题的一贯立场。

七、为了使美国售台武器这个历史遗留的问题，经过一段时间最终得到解决，两国政府将尽一切努力，采取措施，创造条件，以利于彻底解决这个问题。

八、中美关系的发展不仅符合两国人民的利益，而且也有利于世界和平与稳定。双方决心本着平等互利的原则，加强经济、文化、教育、科技和其他方面的联系，为继续发展中美两国政府和人民之间的关系共同作出重大努力。

九、为了使中美关系健康发展和维护世界和平、反对侵略扩张，两国政府重申上海公报和建交公报中双方一致同意的各项原则。双方将就共同关心的双边问题和国际问题保持接触并进行适当的磋商。

中国共产党第十二次全国代表大会隆重开幕
（节选）*

（1982年9月1日）

　　中国共产党第十二次全国代表大会今天在北京隆重开幕。邓小平同志在会上致开幕词。他说，独立自主，自力更生，无论过去、现在和将来，都是我们的立足点。中国人民珍惜同其他国家和人民的友谊和合作，更加珍惜自己经过长期奋斗而得来的独立自主权利。任何外国不要指望中国做他们的附庸，不要指望中国会吞下损害我国利益的苦果。他说，八十年代的加紧社会主义现代化建设，争取实现包括台湾在内的祖国统一，反对霸权主义、维护世界和平三大任务中，核心是经济建设，它是解决国际国内问题的基础。

　　…………

---

　　* 本篇材料见《中国共产党第十二次全国代表大会隆重开幕》，《人民日报》1982年9月2日第1版。

中苏联合公报[*]

（1989年5月18日）

一、应中华人民共和国主席杨尚昆的邀请，苏联最高苏维埃主席团主席、苏共中央总书记米·谢·戈尔巴乔夫于1989年5月15日至18日对中华人民共和国进行了正式访问。

邓小平主席与戈尔巴乔夫主席于5月16日在北京举行了会晤。两位领导人就中苏两国关系和共同关心的国际问题交换了意见。

杨尚昆主席、中华人民共和国国务院总理李鹏分别同戈尔巴乔夫主席举行了会见和会谈。

二、中苏两国领导人认为就中苏两国关系问题交换意见是有益的。双方一致认为，中苏两国高级会晤标志着中苏两国国家关系正常化。这符合两国人民的利益和愿望，有助于维护世界的和平与稳定。中苏关系正常化不针对第三国，不损害第三国利益。

三、双方声明，中华人民共和国和苏维埃社会主义共和国联盟将在互相尊重主权和领土完整、互不侵犯、互不干涉内政、平等互利、和平共处的国与国之间关系的普遍原则基础上发展相互关系。

四、中苏双方愿意通过和平谈判解决两国之间的一切争端，相互不以任何形式，包括不利用同对方接壤的第三国的领土、领水和领空使用武力或以武力相威胁。

中苏两国认为，严格做到上述各点，有助于增加相互之间的信任和建立两国之间的睦邻友好关系。

五、中苏两国领导人确认了1989年2月6日两国外长关于柬埔寨问题

---

[*] 本篇材料见《中苏联合公报》，《人民日报》1989年5月19日第1版。

的声明，并考虑到事态的进一步发展，就解决柬埔寨问题全面深入地交换了意见。

双方注意到越南军队在有效的国际监督下于1989年9月底以前全部从柬埔寨撤出的决定。

中苏双方关心并认为必要的是，在越南全部撤军后在柬埔寨不发生内战，并认为未来的柬埔寨应成为独立、和平、中立、不结盟的国家。为此，双方支持实行柬埔寨四方参加的民族和解。中方主张在越南全部撤军后至大选结束前的过渡时期在柬埔寨建立以西哈努克亲王为首的四方临时联合政府。苏方主张柬埔寨内部问题，包括在国际监督下筹组大选，应由柬埔寨人自己解决。苏方欢迎加紧高棉之间的对话，愿意支持柬埔寨各派就解决柬埔寨问题的各个方面所达成的任何协议。

双方将尊重柬埔寨人民在国际监督下进行大选的结果。

双方认为，随着越南军队从柬埔寨撤出，有关各国对柬埔寨任何一方的军事援助都应逐步减少，直至完全停止。

双方主张尽快召开柬埔寨问题的国际会议。

中苏双方重申将继续努力，促进尽早公正合理地政治解决柬埔寨问题，双方同意就解决柬埔寨问题，包括双方仍存在分歧的问题继续进行讨论。

六、双方同意采取措施将中苏两国边境地区的军事力量裁减到与两国正常睦邻关系相适应的最低水平，并为在边境地区加强信任、保持安宁作出努力。

中国方面对苏方宣布从蒙古人民共和国撤出75%的苏联驻军表示欢迎，并希望其余的苏联军队在一个较短的期限内全部从蒙古撤走。

七、双方主张以有关目前中苏边界的条约为基础，根据公认的国际法准则，本着平等协商、互谅互让的精神，公正合理地解决历史遗留下来的中苏边界问题。

根据上述原则，中苏两国领导人商定加紧讨论尚未协商一致的中苏边界地段，以制定相互都能接受的同时解决东西两段边界问题的办法。他们委托两国外长在必要时专门讨论边界问题。

八、中苏两国将在平等互利的原则基础上积极而有计划地发展经济、贸易、科技和文化等领域的关系，增进两国人民之间的了解和往来。

九、双方认为两国在社会主义建设和改革方面交流情况与经验，并就双边关系和共同关心的国际问题交换意见是有益的。双方在某些问题上的分歧不应妨碍两国关系的发展。

十、中苏双方同意，中国共产党和苏联共产党将根据独立自主、完全平等、互相尊重、互不干涉内部事务的原则进行接触和交往。

十一、中国方面重申：台湾是中华人民共和国领土不可分割的一部分。中国方面坚决反对旨在制造"两个中国""一中一台"或"台湾独立"的任何企图。

苏联方面支持中国政府的这一立场。

十二、中国方面重申，中华人民共和国奉行独立自主的和平外交政策，坚持不同任何国家结盟的原则立场。

苏联方面声明，苏联外交政策以和平是最高价值观念为出发点，始终不渝地力求实现包括核裁军在内的实际裁军；认为各国的安全不能靠损害别国来保障。主张优先考虑全人类的价值以及不同社会经济体系在自由选择和利益均衡条件下进行和平竞赛。

十三、双方声明，中苏两国任何一方都不在亚洲和太平洋地区以及世界其他地区谋求任何形式的霸权。中苏两国认为在国际关系中应当摒弃任何国家把自己的意志强加于人和在任何地方谋求任何形式的霸权的企图和行动。

十四、双方认为，和平与发展已成为当代世界两个最重大的问题。双方对长期紧张的国际形势出现缓和表示欢迎，并积极评价世界各国为裁减军备和缓和军事对抗作出的努力以及在解决各个地区冲突方面取得的进展，双方表示愿意在这些方面各自继续作出努力。

中苏双方主张提高联合国的威望，支持联合国在国际事务、裁军、解决全球性问题以及地区冲突方面发挥更大的作用。世界所有国家，不论大小和强弱，都有权平等参与国际生活。

十五、双方对世界经济形势，特别是发展中国家经济状况恶化、南北差距拉大、债务问题愈益严重表示关切。双方认为迫切的是，在考虑各国人民利益和平等互利的基础上建立国际经济新秩序。

十六、双方认为，解决全球性经济、社会、人口、生态等问题对维护和发展世界文明、对全人类生活的质量具有重要意义。双方声明，有必要提高国际社会、联合国和其他国际机构对这些问题的注意力，并寻找相互协调的办法来缓和和解决这些问题。

十七、中苏两国认为有必要促进国际关系的根本健康化。为此，中方主张在和平共处五项原则基础上建立国际政治新秩序，苏方主张在国际关系中确立政治新思维。每方对目前国际关系的认识体现在上述各自的主张和构想中。

十八、双方认为，两国领导人之间的接触和对话是重要的，并打算今后继续下去。戈尔巴乔夫主席以苏联领导的名义邀请邓小平、杨尚昆、李鹏同志正式访问苏联。中国方面对邀请表示感谢。

一九八九年五月十八日　北京

拓展阅读

1. 邓小平:《维护世界和平,搞好国内建设》,1984年5月29日,载《邓小平文选》(第三卷),人民出版社,1993,第56—57页。

2. 邓小平:《结束过去,开辟未来》,1989年5月16日,载《邓小平文选》(第三卷),人民出版社,1993,第291—295页。

第十一讲
韬光养晦　有所作为

　　1989年至1991年，东欧国家发生剧变，苏联解体，持续40余年的东西方冷战随之结束。这种国际格局发生的重大变化不仅给中国的社会带来了冲击，也给中国的外交带来了前所未有的挑战。面临极为复杂的国际局势，邓小平同志提出了"韬光养晦，有所作为"的外交方针。在这一方针的指引下，中国外交顶住了西方大国对中国的制裁，稳定和发展了与西方大国的关系，实现了许多中国对外关系方面的重大突破。本讲共选取4篇参考资料，阐述了"韬光养晦，有所作为"方针的含义，同时也展现了冷战结束初期中国稳定和发展与法国、美国、日本等西方大国关系的努力和成果。

邓小平关于"冷静观察、稳住阵脚、沉着应付"的论述*

（1989年9月4日）

上午，在住地同江泽民、李鹏、乔石、姚依林、宋平、李瑞环、杨尚昆、万里谈话。邓小平说：对于国际局势，概括起来就是三句话：第一句话，冷静观察；第二句话，稳住阵脚；第三句话，沉着应付。不要急，也急不得。要冷静、冷静、再冷静，埋头实干，做好一件事，我们自己的事。

---

* 本篇材料见中共中央文献研究室编《邓小平年谱》（第五卷），中共中央文献出版社，2020，第586页。

中华人民共和国政府和法兰西共和国政府联合公报*

（1994年1月12日）

法兰西共和国总理爱德华·巴拉迪尔先生的特使雅克·弗里德曼先生于一九九三年十二月二十三日至二十八日访问了北京。

雅克·弗里德曼先生受到李鹏总理和钱其琛副总理兼外长的接见，并与姜恩柱副外长举行了会谈。

经过会谈，双方达成以下结论：

双方认为，中法两国应在建交原则的基础上，恢复传统的友好合作关系。

中国方面重申了在台湾问题上的一贯原则立场。法国方面确认，法国政府承认中华人民共和国政府是中国的唯一合法政府，台湾是中国领土不可分割的一部分。

中国方面重申，向台湾出售任何武器都损害中国的主权、安全和统一，是中国政府坚决反对的。考虑到中方的关切，法国政府承诺今后不批准法国企业参与武装台湾。

中国政府和法国政府愿意加强政治磋商，举行定期会晤，发展两国间的经贸合作。中方表示，欢迎法国企业在中国市场上平等参与竞争。双方商定，法国总理爱德华·巴拉迪尔先生将于近期对中国进行正式访问。

---

* 本篇材料见中华人民共和国外交部网站，https://www.mfa.gov.cn/web/gjhdq_676201/gj_676203/oz_678770/1206_679134/1207_679146/199401/t19940112_9338919.shtml，访问日期：2022年4月25日。

中美联合声明*

（1997年10月29日）

应美利坚合众国总统威廉·J. 克林顿的邀请，中华人民共和国主席江泽民于1997年10月26日至11月3日对美国进行国事访问。这是中国国家主席12年来对美国的首次国事访问。在华盛顿访问期间，江泽民主席与克林顿总统举行了正式会谈。江泽民主席还与艾尔·戈尔副总统、美国国会领导人以及其他美国领导人进行了会晤。钱其琛副总理兼外交部长与马德琳·奥尔布赖特国务卿也进行了会谈。

两国元首就国际形势、中美关系以及两国面临的重要机遇和挑战进行了深入的、富有成果的会谈。双方同意，健康、稳定的中美关系不仅符合中美两国人民的根本利益，而且对于共同承担责任，努力实现21世纪的和平与繁荣是重要的。双方同意，中美之间既有共同点，也有分歧；双方有重大的共同利益，决心共同本着合作和坦诚的精神，抓住机遇，迎接挑战，以取得具体进展。中美在人权问题上存在重要分歧。同时，中美两国在维护世界及地区和平与稳定，促进全球经济增长；防止大规模杀伤性武器扩散，推动亚太区域合作，打击贩毒、国际有组织犯罪和恐怖主义问题上；在加强双边经济发展、贸易、法律、环保、能源、科技、教育和文化交流与合作以及两国军队往来等方面，都存在巨大的合作潜力。

两国元首决定，中美两国通过增进合作，对付国际上的挑战，促进世界和平与发展，共同致力于建立中美建设性战略伙伴关系。为实现这一目标，双方同意，从长远的观点出发，在中美三个联合公报的原则基础上处理两国关系。

---

* 本篇材料见《中美发表联合声明》，《人民日报》1997年10月31日第1版。

中方强调,台湾问题是中美关系中最重要、最敏感的核心问题,恪守中美三个联合公报的原则,妥善处理台湾问题是中美关系健康、稳定发展的关键。美方重申,美国坚持一个中国的政策,遵守中美三个联合公报的原则。

作为联合国安理会常任理事国,中美两国支持联合国根据《联合国宪章》的宗旨和原则在全球事务中,包括在维持和平以及促进经济和社会发展方面,发挥积极、有效的作用。两国都赞成对联合国进行改革,使安理会更具代表性,同时保持和增强安理会的工作效率。两国强调需要将联合国置于更加稳固的财政基础上,两国将积极参加联合国内有关会费比额问题的讨论。

中美作为亚太地区的大国,愿加强合作,共同对付面临的各种挑战,为促进本地区的稳定与繁荣作出积极贡献。双方认为,维护朝鲜半岛的和平与稳定具有重要意义,双方通过四方会谈推动建立半岛的持久和平,并继续就此进行磋商。双方还强调,维护中东、海湾和南亚等重要地区的和平与稳定符合两国的共同利益。

两国元首就采取一系列步骤达成了协议,这些步骤将为进一步发展中美关系和加强两国在国际事务中的合作提供框架。

高层对话和磋商

中美两国同意两国元首定期访问对方首都。

两国同意在北京和华盛顿之间建立元首间通讯联络,以便利直接联系。

两国还同意,两国内阁和次内阁级别官员定期互访,就政治、军事、安全和军控问题进行磋商。

能源和环境合作

中美两国重申就广泛的环境问题进行合作的重要性,这一重要性在1997年3月成立的中美环境与发展讨论会上得到了体现。

双方认为，开发并有效利用能源、保护全球环境、促进有益于环境的增长和发展是一个重大的挑战。鉴此，双方同意通过一项加快清洁能源项目建设及适当转让相关技术的倡议，来加强在能源和环境领域的合作。该项合作的主要领域将是清洁能源、城市空气污染的防治和农村电气化。这一倡议也将促进在诸如气候变化、沙漠化和生物多样化等全球环境问题上进行更广泛的合作。中国国家计划委员会和美国能源部已签署了《中美能源和环境合作倡议书》，以促进在上述领域的有效合作，包括使用清洁能源。

经贸关系

两国元首准备采取积极和有效的措施扩大中美贸易和经济关系。两国经济正迈向21世纪，信息技术对促进技术革新和提高生产力至关重要。为此，中国表示了尽早参加《信息技术协议》的意向。此外，中方将在世界贸易组织谈判范畴内，继续实质性地降低关税。

中美两国认为，中国全面参加多边贸易体制符合双方的利益。为了实现这一目标，双方同意加紧关于市场准入，包括关税、非关税措施、服务业、标准、农业等问题和履行世界贸易组织原则的谈判，以便中国可以在商业上有意义的基础上尽可能早日加入世界贸易组织。

和平核合作

中美两国同意，在和平利用核能领域进行合作符合两国的共同利益。为此，它们已经为执行1985年签署的《中美和平利用核能合作协定》各自采取了必要的步骤。中国国家计划委员会和美国能源部签署了一项意向性协议，以促进两国间的和平核合作和研究。

防扩散

双方同意致力于促使《全面禁止核试验条约》尽早生效。双方还同意在联合国裁军谈判会议上寻求早日就"禁止生产用于核武器和其他核爆炸装置的裂变材料公约"开始正式谈判。

中美两国重申双方不向未接受保障监督的核设施和核爆炸项目提供任何帮助的承诺。中国已对核和双用途材料及相关技术的出口实施控制，并将于1998年年中采取进一步措施加强对双用途材料的出口控制。美国将继续加强对核和双用途材料及相关技术的严格控制。

作为《禁止化学武器公约》的创始缔约国，中美两国同意在多边框架内就执行该公约进行合作。双方认为，政府对与化学品有关的出口进行监督是重要的。

中美两国同意在1994年关于导弹不扩散问题的联合声明的基础上继续努力。双方重申各自对《导弹及其技术控制制度》准则和参数已作出的承诺。

人权

中美两国都认为《世界人权宣言》及其他国际人权文书在促进人权方面发挥积极作用，并重申双方均致力于促进和保护人权和基本自由。

尽管两国未能解决在人权问题上的分歧，但双方同意本着平等和相互尊重的精神，通过在政府和非政府级别的对话讨论这一问题。两国同意就非政府人权论坛的结构和作用进行讨论。

法律合作

中美两国认为，促进法律合作符合两国的利益和需要。

双方愿意加强在打击国际有组织犯罪、毒品走私、非法移民、制造伪币和洗钱等方面的合作。为此，双方拟设立一个由两国政府主管部门代表组成的执法合作联合联络小组。双方同意开始磋商，以达成一项法律互助协定。

中美两国将在对等的基础上在各自的大使馆指派负责缉毒事务的法律官员。

鉴于中美两国都重视法律交流，双方拟设立一个联合联络小组，以寻求在该领域进行合作。这一合作可以包括法律专家的交流、法官和律师的培训、加强法律信息系统、交流法律资料、交换对法律协助的看法、就行政程序相互进行咨询以及加强商业法及仲裁。

作为这一法律合作计划的一部分，中国司法部长将应美国司法部长的邀请于1997年11月访问美国。

两军关系

中美两国就中美建立加强海上军事安全磋商机制达成协议。该协议将有助于双方海空力量避免发生意外事故、误解或错误判断。

两国同意就人道主义救援和减灾问题通报情况，进行讨论，交流经验。

科技、教育和文化交流

自1979年以来，中美之间达成了30多个双边科技合作协议。中美科学技术联合委员会将继续指导这一积极的双边科技合作项目，并将推动进一步运用科学技术来解决国家和全球的问题。中美两国还将确定利用空间对地球进行科学研究和实际应用的合作项目领域。

中美两国将扩大教育和文化交流。两国元首相信，增加两国人民之间的交流将有助于发展长期的双边关系。

江泽民主席感谢克林顿总统和美国人民的热情接待。江泽民主席邀请克林顿总统于1998年访问中国，克林顿总统愉快地接受了邀请。

中日关于建立致力于和平与发展的友好合作伙伴关系的联合宣言*

（1998年11月26日）

应日本国政府邀请，中华人民共和国主席江泽民于1998年11月25日至30日对日本进行国事访问。这是中国国家主席首次访问日本，具有重要历史意义。江泽民主席会见了日本天皇明仁，并同小渊惠三内阁总理大臣就国际形势、地区问题和中日关系深入交换了意见，达成广泛共识。访问取得了圆满成功，双方发表联合宣言如下：

一

双方认为，冷战结束后，世界朝着建立国际新秩序正经历着重大变化。经济进一步全球化，相互依存关系加深。安全对话与合作不断取得进展。和平与发展仍是人类社会面临的首要课题。建立公正与合理的国际政治经济新秩序，谋求21世纪有一个更加巩固的国际和平环境，已成为国际社会的共同愿望。

双方确认，互相尊重主权和领土完整、互不侵犯、互不干涉内政、平等互利、和平共处以及《联合国宪章》的准则是处理国与国之间关系的基本准则。

双方积极评价联合国在维护世界和平及促进世界经济和社会发展方面所作的努力，认为它应为建立和维护国际新秩序发挥重要作用。双方赞成

---

* 本篇材料见中华人民共和国外交部网站：https://www.mfa.gov.cn/web/gjhdq_676201/gj_676203/yz_676205/1206_676836/1207_676848/199811/t19981126_7993019.shtml，访问日期：2022年4月25日。

对联合国包括安理会进行改革，以使联合国工作及其决策过程更好地体现全体成员国的共同愿望和集体意志。

双方主张，彻底销毁核武器，反对任何形式的核武器扩散。呼吁有关国家停止一切核试验和核军备竞赛，以利于亚洲地区和世界的和平与稳定。

双方认为，中日两国作为亚洲和世界有影响的国家，在维护和平，促进发展方面负有重要责任。双方将在国际政治、经济及全球性问题等领域加强协调与合作，为世界和平与发展及人类的进步事业作出积极贡献。

二

双方认为，冷战后，亚洲地区形势继续走向稳定，域内合作不断深入。确信亚洲地区在世界政治、经济和安全事务中的影响进一步增强，在未来世纪将起重要作用。

双方重申，维护地区和平、促进地区发展是两国坚定不移的基本方针，双方不在本地区谋求霸权，不行使武力或以武力相威胁，主张以和平手段解决一切纠纷。

双方对目前东亚金融危机及其给亚洲造成的困难表示极大关注。同时认识到本地区经济基础稳固，确信通过总结经验，进行合理调整与改革，加强域内及国际协调与合作，亚洲经济一定能够克服困难，继续向前发展。双方一致认为，应以积极姿态，迎接面临的各种挑战，为促进本地区经济的发展作出各自应有的努力。

双方认为，亚太地区主要国家之间的稳定关系对本地区的和平与稳定十分重要，双方将积极参与东盟地区论坛等地区内各种多边活动并开展协调与合作，支持一切有利于增进了解，加强信任的措施。

三

双方满意地回顾了中日邦交正常化以来两国关系在政治、经济、文化、人员往来等各个领域取得的长足发展。一致认为，在当前形势下，两国合作的重要性进一步增加，不断巩固和发展中日友好合作符合两国人民的根本利益，也将对亚太地区和世界的和平与发展做出积极贡献。双方确认中日关系对两国均为最重要的双边关系之一，并深刻认识到两国在和平与发展方面的作用与责任，宣布面向21世纪，建立致力于和平与发展的友好合作伙伴关系。

双方重申恪守一九七二年九月二十九日发表的《中华人民共和国政府和日本国政府联合声明》和一九七八年八月十二日签署的《中华人民共和国和日本国和平友好条约》所阐述的各项原则，确认上述文件今后仍将是两国关系最为重要的基础。

双方一致认为，中日两国有着两千多年的友好交往历史和共同的文化背景，弘扬友好传统，进一步发展互利合作是两国人民的共同愿望。

双方认为，正视过去以及正确认识历史，是发展中日关系的重要基础。日方表示，遵守1972年的中日联合声明和1995年8月15日内阁总理大臣的谈话，痛感由于过去对中国的侵略给中国人民带来巨大灾难和损害的责任，对此表示深刻反省。中方希望日本汲取历史教训，坚持和平发展道路。在此基础上，两国发展长久友好关系。

双方一致认为，加强两国之间的人员往来，对增进相互理解，加强相互信任十分重要。

双方确认，两国领导人每年交替互访；在北京和东京建立中日政府间热线电话；加强两国各个层次和级别特别是肩负两国未来发展重任的青少年之间的交流。

双方认为，在平等互利基础上，建立长期稳定的经贸合作关系，进一步拓展在高新科技、信息、环保、农业、基础设施等领域的合作。日方表示，稳定、开放、发展的中国对亚太地区及世界的和平与发展具有重要意义，将继续向中国的经济建设提供合作与支持。中方对日方迄今向中国提供的经济合作表示感谢。日方重申继续支持中国为早日加入世界贸易组织所作的努力。

双方积极评价两国安全对话为增进相互了解发挥的有益作用，一致认为应进一步加强这一对话机制。

日方继续遵守日本在中日联合声明中表明的关于台湾问题的立场，重申中国只有一个。日本将继续只同台湾维持民间和地区性往来。

双方一致同意根据中日联合声明及中日和平友好条约的各项原则，本着求同存异的精神，最大限度地扩大共同利益，缩小分歧，通过友好协商，妥善处理两国间现存的和今后可能出现的问题、分歧和争议，避免因此干扰和阻碍两国友好关系的发展。

双方认为，中日建立致力于和平与发展的友好合作伙伴关系，将使两国关系进入新的发展阶段。这不仅需要两国政府，而且需要两国人民的广泛参与和不懈努力。双方坚信，两国人民携起手来，共同贯彻和发扬本宣言的精神，不仅有助于两国人民实现世代友好，而且将对亚太地区和世界和平与发展作出重要贡献。

拓展阅读

1. 邓小平:《中美关系终归要好起来才行》,1989年12月20日,载《邓小平文选》(第三卷),人民出版社,1993,第350—351页。

2. 邓小平:《善于利用时机,解决发展问题》,1990年12月24日,载《邓小平文选》(第三卷),人民出版社,1993,第363—364页。

3. 江泽民:《把一个和平繁荣的世界带到二十一世纪》,1993年11月9日,载《江泽民文选》(第一卷),人民出版社,2006,第330—335页。

4. 江泽民:《增进相互了解,加强友好合作》,1997年10月1日,载《江泽民文选》(第二卷),人民出版社,2006,第58—66页。

第十二讲
"一国两制" 争取国家统一

  为了解决台湾、香港、澳门等历史遗留问题，邓小平同志提出了"一国两制"的构想。在这一方针的指引下，20世纪80年代，中国分别与英国和葡萄牙就香港、澳门问题进行谈判并签署联合声明，确认中国政府对香港、澳门恢复行使主权。1997年和1999年，香港和澳门回到了祖国的怀抱，香港特别行政区和澳门特别行政区相继建立。本讲共选取3篇参考资料，展示了中国政府对解决香港问题的基本政策，并展现了中国与英国、葡萄牙就香港和澳门问题所达成的联合声明的内容。

邓小平会见撒切尔夫人*

（1982年9月24日）

上午，会见英国首相撒切尔夫人，就香港前途问题交换意见，全面阐述中国政府对香港问题的基本立场。……邓小平强调：主权问题不是一个可以讨论的问题。中国在这个问题上没有回旋的余地。一九九七年中国将收回香港，不仅是新界，而且包括香港岛、九龙。否则，任何一个中国领导人和政府都不能向中国人民交代，甚至也不能向世界人民交代。如果不收回就意味着中国政府是晚清政府，中国领导人是李鸿章！不迟于一二年的时间，中国就要正式宣布收回香港这个决策。中国的这个决策，从大的方面讲，对英国也是有利的，因为这意味着届时英国将彻底结束殖民统治时代。中英两国应该合作，共同来处理好香港问题。

---

* 本篇材料见中共中央文献研究室编《邓小平年谱》（第五卷），中央文献出版社，2020，第152页。

中华人民共和国政府和大不列颠及北爱尔兰联合王国政府关于香港问题的联合声明*

（1984年12月19日）

中华人民共和国政府和大不列颠及北爱尔兰联合王国政府满意地回顾了近年来两国政府和两国人民之间的友好关系，一致认为通过协商妥善地解决历史上遗留下来的香港问题，有助于维持香港的繁荣与稳定，并有助于两国关系在新的基础上进一步巩固和发展，为此，经过两国政府代表团的会谈，同意声明如下：

一、中华人民共和国政府声明：收回香港地区（包括香港岛、九龙和"新界"，以下称香港）是全中国人民的共同愿望，中华人民共和国政府决定于一九九七年七月一日对香港恢复行使主权。

二、联合王国政府声明：联合王国政府于一九九七年七月一日将香港交还给中华人民共和国。

三、中华人民共和国政府声明，中华人民共和国对香港的基本方针政策如下：

（一）为了维护国家的统一和领土完整，并考虑到香港的历史和现实情况，中华人民共和国决定在对香港恢复行使主权时，根据中华人民共和国宪法第三十一条的规定，设立香港特别行政区。

（二）香港特别行政区直辖于中华人民共和国中央人民政府。除外交和国防事务属中央人民政府管理外，香港特别行政区享有高度的自治权。

（三）香港特别行政区享有行政管理权、立法权、独立的司法权和终

---

* 本篇材料见中华人民共和国条约数据库：http://treaty.mfa.gov.cn/tykfiles/20180718/1531876578136.pdf，访问日期：2022年4月25日。

审权。现行的法律基本不变。

（四）香港特别行政区政府由当地人组成。行政长官在当地通过选举或协商产生，由中央人民政府任命。主要官员由香港特别行政区行政长官提名，报中央人民政府任命。原在香港各政府部门任职的中外籍公务、警务人员可以留用。香港特别行政区各政府部门可以聘请英籍人士或其他外籍人士担任顾问或某些公职。

（五）香港的现行社会、经济制度不变；生活方式不变。香港特别行政区依法保障人身、言论、出版、集会、结社、旅行、迁徙、通信、罢工、选择职业和学术研究以及宗教信仰等各项权利和自由。私人财产、企业所有权、合法继承权以及外来投资均受法律保护。

（六）香港特别行政区将保持自由港和独立关税地区的地位。

（七）香港特别行政区将保持国际金融中心的地位，继续开放外汇、黄金、证券、期货等市场，资金进出自由。港币继续流通，自由兑换。

（八）香港特别行政区将保持财政独立。中央人民政府不向香港特别行政区征税。

（九）香港特别行政区可同联合王国和其他国家建立互利的经济关系。联合王国和其他国家在香港的经济利益将得到照顾。

（十）香港特别行政区可以"中国香港"的名义单独地同各国、各地区及有关国际组织保持和发展经济、文化关系，并签订有关协定。

香港特别行政区政府可自行签发出入香港的旅行证件。

（十一）香港特别行政区的社会治安由香港特别行政区政府负责维持。

（十二）关于中华人民共和国对香港的上述基本方针政策和本联合声明附件一对上述基本方针政策的具体说明，中华人民共和国全国人民代表大会将以中华人民共和国香港特别行政区基本法规定之，并在五十年内不变。

四、中华人民共和国政府和联合王国政府声明：自本联合声明生效之日起至一九九七年六月三十日止的过渡时期内，联合王国政府负责香港的行政管理，以维护和保持香港的经济繁荣和社会稳定；对此，中华人民共和国政府将给予合作。

五、中华人民共和国政府和联合王国政府声明：为求本联合声明得以有效执行，并保证一九九七年政权的顺利交接，在本联合声明生效时成立中英联合联络小组；联合联络小组将根据本联合声明附件二的规定建立和履行职责。

六、中华人民共和国政府和联合王国政府声明：关于香港土地契约和其他有关事项，将根据本联合声明附件三的规定处理。

七、中华人民共和国政府和联合王国政府同意，上述各项声明和本联合声明的附件均将付诸实施。

八、本联合声明须经批准，并自互换批准书之日起生效。批准书应于一九八五年六月三十日前在北京互换。本联合声明及其附件具有同等约束力。

一九八四年十二月十九日在北京签订，共两份，每份都用中文和英文写成，两种文本具有同等效力。

中华人民共和国政府　　　大不列颠及北爱尔兰联合王国政府
代表　　　　　　　　　　代表

中华人民共和国政府和葡萄牙共和国政府关于澳门问题的联合声明*

（1987年3月26日）

中华人民共和国政府和葡萄牙共和国政府满意地回顾了两国建交以来两国政府和两国人民之间的友好关系的发展，一致认为，由两国政府通过谈判妥善解决历史遗留下来的澳门问题，有利于澳门的经济发展和社会稳定，并有助于进一步加强两国之间的友好合作关系，为此，经过两国政府代表团的会谈，同意声明如下：

一、中华人民共和国政府和葡萄牙共和国政府声明：澳门地区（包括澳门半岛、氹仔岛和路环岛，以下称澳门）是中国领土，中华人民共和国政府将于一九九九年十二月二十日对澳门恢复行使主权。

二、中华人民共和国政府声明，中华人民共和国根据"一个国家，两种制度"的方针，对澳门执行如下的基本政策：

（一）根据中华人民共和国宪法第三十一条的规定，中华人民共和国对澳门恢复行使主权时，设立中华人民共和国澳门特别行政区。

（二）澳门特别行政区直辖于中华人民共和国中央人民政府，除外交和国防事务属中央人民政府管理外，享有高度的自治权。澳门特别行政区享有行政管理权、立法权、独立的司法权和终审权。

（三）澳门特别行政区政府和澳门特别行政区立法机关均由当地人组成。行政长官在澳门通过选举或协商产生，由中央人民政府任命。担任主要职务的官员由澳门特别行政区行政长官提名，报中央人民政府任命。原

---

* 本篇材料见中华人民共和国条约数据库：http://treaty.mfa.gov.cn/tykfiles/20181203/1543818177072.pdf，访问日期：2022年4月25日。

在澳门任职的中国籍和葡籍及其他外籍公务（包括警务）人员可以留用。澳门特别行政区可以任用或聘请葡籍和其他外籍人士担任某些公职。

（四）澳门现行的社会、经济制度不变；生活方式不变；法律基本不变。澳门特别行政区依法保障澳门居民和其他人的人身、言论、出版、集会、结社、旅行和迁徙、罢工、选择职业、学术研究、宗教信仰和通信以及财产所有权等各项权利和自由。

（五）澳门特别行政区自行制定有关文化、教育和科技政策，并依法保护在澳门的文物。

澳门特别行政区政府机关、立法机关和法院，除使用中文外，还可使用葡文。

（六）澳门特别行政区可同葡萄牙和其他国家建立互利的经济关系。葡萄牙和其他国家在澳门的经济利益将得到照顾。在澳门的葡萄牙后裔居民的利益将依法得到保护。

（七）澳门特别行政区可以"中国澳门"的名义单独同各国、各地区及有关国际组织保持和发展经济、文化关系，并签订有关协定。澳门特别行政区政府可以自行签发出入澳门的旅行证件。

（八）澳门特别行政区将继续作为自由港和单独关税地区进行经济活动。资金进出自由。

澳门元作为澳门特别行政区的法定货币，继续流通和自由兑换。

（九）澳门特别行政区保持财政独立。中央人民政府不向澳门特别行政区征税。

（十）澳门特别行政区的社会治安由澳门特别行政区政府负责维持。

（十一）澳门特别行政区除悬挂中华人民共和国国旗和国徽外，还可使用区旗和区徽。

（十二）上述基本政策和本联合声明附件一所作的具体说明，将由中华人民共和国全国人民代表大会以中华人民共和国澳门特别行政区基本法规定之，并在五十年内不变。

三、中华人民共和国政府和葡萄牙共和国政府声明：自本联合声明生效之日起至一九九九年十二月十九日止的过渡时期内，葡萄牙共和国政府负责澳门的行政管理。葡萄牙共和国政府将继续促进澳门的经济发展和保持其社会稳定，对此，中华人民共和国政府将给予合作。

四、中华人民共和国政府和葡萄牙共和国政府声明：为保证本联合声明的有效实施并为一九九九年政权的交接创造妥善的条件，在本联合声明生效时成立中葡联合联络小组；联合联络小组将根据本联合声明附件二的有关规定建立和履行职责。

五、中华人民共和国政府和葡萄牙共和国政府声明：关于澳门土地契约和其他有关事项，将根据本联合声明附件的有关规定处理。

六、中华人民共和国政府和葡萄牙共和国政府同意，上述各项声明和作为本联合声明组成部分的附件均将付诸实施。

七、本联合声明及其附件自互换批准书之日起生效。批准书将在北京互换。本联合声明及其附件具有同等约束力。

一九八七年四月十三日在北京签订，共两份，每份都用中文和葡文写成，两种文本具有同等效力。

    中华人民共和国政府   葡萄牙共和国政府
      代表   代表

拓展阅读

1. 邓小平:《在中央顾问委员会第三次全体会议上的讲话》，1984年10月22日，载《邓小平文选》（第三卷），人民出版社，1993，第84—93页。

2. 邓小平:《中国是信守诺言的》，1984年12月19日，载《邓小平文选》（第三卷），人民出版社，1993，第101—103页。

3. 江泽民:《在中英两国政府举行的香港交接仪式上的讲话》，1997年7月1日，载《江泽民文选》（第一卷），人民出版社，2006，第651—652页。

4. 江泽民:《在中葡两国政府举行的澳门政权交接仪式上的讲话》，1999年12月20日，载《江泽民文选》（第二卷），人民出版社，2006，第484—485页。

第十三讲
扩大国际影响

　　随着中国综合国力的不断增长，中国的多边外交也愈加活跃。中国作为联合国安理会常任理事国，坚定地支持联合国在国际事务中发挥核心作用。2001年，中国加入了世界贸易组织，中国进一步地融入国际社会。除了在现有的多边平台上发挥作用，中国还倡导建立了上海合作组织、中非合作论坛等多边机制。更为重要的是，在21世纪的第一个十年，以胡锦涛同志为总书记的党中央提出了"和谐世界""和平发展"的理念，消除了一些国家对中国实力迅速增长而产生的疑虑和担心。同时，中国也更加积极地参与国际交流，开展国际合作。本讲共选取3篇参考资料，反映了上海合作组织和中非合作论坛建立的情况，以及建设"和谐世界"理念的基本内涵。

"上海合作组织"成立宣言*

（2001年6月15日）

哈萨克斯坦共和国、中华人民共和国、吉尔吉斯共和国、俄罗斯联邦、塔吉克斯坦共和国和乌兹别克斯坦共和国国家元首，高度评价"上海五国"成立五年在促进并深化各成员国之间睦邻互信与友好关系、巩固地区安全与稳定、促进共同发展方面发挥的积极作用；

一致认为"上海五国"的建立和发展顺应了冷战结束后人类要求和平与发展的历史潮流，展示了不同文明背景、传统文化各异的国家通过互尊互信实现和睦共处、团结合作的巨大潜力；

特别指出哈萨克斯坦共和国、中华人民共和国、吉尔吉斯共和国、俄罗斯联邦和塔吉克斯坦共和国五国元首1996年和1997年分别在上海和莫斯科签署的关于在边境地区加强军事领域信任和关于在边境地区相互裁减军事力量的两个协定以及在阿拉木图（1998年）、比什凯克（1999年）、杜尚别（2000年）会晤期间签署的总结性文件，为维护地区和世界的和平、安全与稳定作出了重要贡献，大大丰富了当代外交和地区合作的实践，在国际社会产生了广泛积极的影响；

确信在二十一世纪政治多极化、经济和信息全球化进程迅速发展的背景下，将"上海五国"机制提升到更高的合作层次，有利于各成员国更有效地共同利用机遇和应对新的挑战与威胁；

兹郑重宣布：

一、哈萨克斯坦共和国、中华人民共和国、吉尔吉斯共和国、俄罗斯联邦、塔吉克斯坦共和国和乌兹别克斯坦共和国建立"上海合作组织"。

---

* 本篇材料见《"上海合作组织"成立宣言》，《人民日报》2001年6月16日第4版。

二、"上海合作组织"的宗旨是：加强各成员国之间的相互信任与睦邻友好；鼓励各成员国在政治、经贸、科技、文化、教育、能源、交通、环保及其他领域的有效合作；共同致力于维护和保障地区的和平、安全与稳定；建立民主、公正、合理的国际政治经济新秩序。

三、"上海合作组织"每年举行一次成员国元首正式会晤，定期举行政府首脑会晤，轮流在各成员国举行。为扩大和加强各领域合作，除业已形成的相应部门领导人会晤机制外，可视情组建新的会晤机制，并建立常设和临时专家工作组研究进一步开展合作的方案和建议。

四、"上海五国"进程中形成的以"互信、互利、平等、协商、尊重多样文明、谋求共同发展"为基本内容的"上海精神"，是本地区国家几年来合作中积累的宝贵财富，应继续发扬光大，使之成为新世纪"上海合作组织"成员国之间相互关系的准则。

五、"上海合作组织"各成员国将严格遵循《联合国宪章》的宗旨与原则，相互尊重独立、主权和领土完整，互不干涉内政，互不使用或威胁使用武力，平等互利，通过相互协商解决所有问题，不谋求在相毗邻地区的单方面军事优势。

六、"上海合作组织"是在1996年和1997年分别于上海和莫斯科签署的关于在边境地区加强军事领域信任和关于在边境地区相互裁减军事力量两个协定的基础上发展起来的，其合作现已扩大到政治、经贸、文化、科技等诸多领域。上述协定所体现的原则确定"上海合作组织"各成员国相互关系的基础。

七、"上海合作组织"奉行不结盟、不针对其他国家和地区及对外开放的原则，愿与其他国家及有关国际和地区组织开展各种形式的对话、交流与合作，在协商一致的基础上吸收认同该组织框架内合作宗旨和任务、本宣言第六条阐述的原则及其他各项条款，其加入能促进实现这一合作的国家为该组织新成员。

八、"上海合作组织"尤其重视并尽一切必要努力保障地区安全。各成员国将为落实《打击恐怖主义、分裂主义和极端主义上海公约》而紧密协作，包括在比什凯克建立"上海合作组织反恐怖中心"。此外，为遏制非法贩卖武器、毒品、非法移民和其他犯罪活动，将制定相应的多边合作文件。

九、"上海合作组织"将利用各成员国之间在经贸领域互利合作的巨大潜力和广泛机遇，努力促进各成员国之间双边和多边合作的进一步发展以及合作的多元化。为此，将在"上海合作组织"框架内启动贸易和投资便利化谈判进程，制定长期多边经贸合作纲要，并签署有关文件。

一〇、"上海合作组织"各成员国将加强在地区和国际事务中的磋商与协调行动，在重大国际和地区问题上相互支持和密切合作，共同促进和巩固本地区及世界的和平与稳定。在当前国际形势下，维护全球战略平衡与稳定具有特别重要的意义。

一一、为协调"上海合作组织"成员国主管部门的合作并组织其相互协作，兹建立该组织成员国国家协调员理事会，并由外长批准该理事会暂行条例来规范其活动。

责成国家协调员理事会在本宣言和"上海五国"元首已签署文件的基础上着手制定《上海合作组织宪章》，其中要明确阐明"上海合作组织"未来合作的宗旨、目标、任务，吸收新成员的原则和程序，作出决定的法律效力和与其他国际组织相互协作的方式等规定，供2002年元首会晤时签署。

总结过去，展望未来，各国元首坚信，"上海合作组织"的成立标志着各成员国合作进程开始迈入一个崭新的发展阶段，这符合当今时代潮流，符合本地区的现实，符合各成员国人民的根本利益。

     哈萨克斯坦共和国总统　努·纳扎尔巴耶夫
     中华人民共和国主席　江泽民
     吉尔吉斯共和国总统　阿·阿卡耶夫
     俄罗斯联邦总统　弗·普京
     塔吉克斯坦共和国总统　埃·拉赫莫诺夫
     乌兹别克斯坦共和国总统　伊·卡里莫夫

            2001年6月15日于上海

胡锦涛在联合国成立60周年首脑会议上提出建设一个持久和平、共同繁荣的和谐世界（节选）*

（2005年9月15日）

联合国成立60周年首脑会议15日上午再次举行全体会议，国家主席胡锦涛出席会议，并发表了题为《努力建设持久和平、共同繁荣的和谐世界》的重要讲话，全面阐述了中国对当前国际形势及重大国际问题的看法和立场，对加强联合国作用、推动联合国改革、促进国际发展合作等问题提出了具体主张。胡锦涛指出，新的世纪为人类社会发展展现了光明前景。在机遇和挑战并存的重要历史时期，只有世界所有国家紧密团结起来，才能真正建设一个持久和平、共同繁荣的和谐世界。

············

胡锦涛就建设一个持久和平、共同繁荣的和谐世界发表了以下几点意见。

第一，我们要树立互信、互利、平等、协作的新安全观，建立公平、有效的集体安全机制。我们应该鼓励和支持以和平方式解决国际争端或冲突；应该加强合作，坚决打击恐怖主义。联合国作为集体安全机制的核心，其作用只能加强，不能削弱。

第二，联合国应该采取切实措施，落实千年发展目标，特别是要大力推动发展中国家加快发展，使21世纪真正成为"人人享有发展的世纪"。我们应该积极推动建立健全开放、公平、非歧视的多边贸易体制，进一步完善国际金融体制；应该加强全球能源对话和合作，共同维护能源安全和

---

* 本篇材料见《胡锦涛主席在联合国首脑会议上发表重要讲话》，《人民日报》2005年9月16日第1版。

能源市场稳定；应该积极促进和保障人权，使人人享有平等追求全面发展的机会和权利。发达国家应该为实现全球普遍、协调、均衡发展承担更多责任。

第三，我们应该尊重各国自主选择社会制度和发展道路的权利，推动各国根据本国国情实现振兴和发展；应该以平等开放的精神，维护文明的多样性，加强不同文明的对话和交流，协力构建各种文明兼容并蓄的和谐世界。

第四，我们应该通过合理、必要的改革，维护联合国权威，提高联合国效率，增强联合国应对新威胁新挑战的能力。联合国改革是全方位、多领域的。改革应该重点推动联合国加大在发展领域的投入。安理会改革要优先增加发展中国家特别是非洲国家的代表性，让更多国家特别是中小国家有更多机会参与安理会决策。

胡锦涛重申，中国将坚定不移地高举和平、发展、合作的旗帜，走和平发展道路。中国将始终不渝地把自身的发展与人类共同进步联系在一起。中国的发展不会妨碍任何人，也不会威胁任何人，只会有利于世界的和平稳定、共同繁荣。

…………

中非合作论坛北京峰会宣言*

（2006年11月5日）

我们，中华人民共和国和48个非洲国家的国家元首、政府首脑和代表团团长，于2006年11月4日至5日在北京举行中非合作论坛峰会。

我们高度评价在中华人民共和国同非洲国家开启外交关系50周年之际举行的此次峰会。

我们本着"友谊、和平、合作、发展"的宗旨，回顾了半个世纪以来中非之间的真挚友谊和团结合作，探讨了新形势下中非合作的共同目标和发展方向，讨论取得了积极成效。

认识到经过双方共同努力，2000年成立的中非合作论坛已成为双方开展集体对话的重要平台和务实合作的有效机制，决心进一步发挥其作用。为此，我们重申坚持中非合作论坛已通过的各项文件所确立的宗旨和目标。

我们认为，当前国际形势正经历着复杂、深刻的变化，人类社会相互依存日益加深，求和平、促发展、谋合作成为时代的潮流和各国的优先目标。

主张根据和平共处五项原则以及所有倡导多边主义和国际关系民主化的国际准则发展友好合作关系；强调尊重和维护世界的多样性，世界各国不分大小贫富强弱应彼此尊重、平等相待、和睦相处；不同文明和发展模式应相互借鉴、相互促进、和谐共存。

在经济全球化趋势深入发展的情况下，主张加强南南合作和南北对话，呼吁世界贸易组织重启"多哈回合"谈判，推动全球经济均衡、协调

---

* 本篇材料见《中非合作论坛北京峰会宣言》，《人民日报》2006年11月6日第4版。

和可持续发展，实现各国共享成果、普遍发展、共同繁荣。

主张联合国以及其他各类多边体系进行改革，更好地服务于国际社会所有成员；主张通过改革加强联合国作用，充分发挥联合国大会的职能，更加重视发展问题；主张优先增加非洲国家在联合国安理会和其他各机构的代表性和充分参与。

我们认为，中国作为世界上最大的发展中国家坚持走和平发展道路，非洲作为发展中国家最集中的大陆致力于稳定、发展和振兴，是对世界和平与发展事业的重大贡献。

非洲国家对中国经济快速发展深感鼓舞并表示祝贺，希望中国国家建设取得更大成就；重申坚持一个中国立场，支持中国和平统一大业。

中国高度评价非洲在维护地区和平、促进区域合作、加快经济和社会发展方面取得的进步；赞赏非洲国家和非洲联盟等地区组织及次地区组织为此发挥的积极作用；重申支持非洲国家联合自强，自主解决非洲问题，支持非洲地区组织和次地区组织推动经济一体化的努力，支持非洲国家实施"非洲发展新伙伴计划"。

我们呼吁国际社会鼓励并支持非洲谋求和平与发展的努力，为非洲国家和平解决冲突和进行战后重建提供更大帮助，特别呼吁发达国家增加官方发展援助，切实兑现开放市场和减免债务等承诺，呼吁有关国际组织提供更多资金支持和技术援助，增强非洲减贫、减灾、防治荒漠化的能力，帮助非洲实现联合国千年发展目标。非洲最不发达国家、重债穷国和小岛屿、内陆国家的发展问题应受到更大关注。

我们认为，中非之间有着良好的团结与合作传统，长期以来真诚相待、休戚与共；中非友谊经受住了时间和国际风云变幻的考验，历久弥坚，深入人心。

我们认为，新形势下中非发展目标一致，利益相近，合作前景广阔。深化传统友谊、扩大互利合作，是新世纪中非实现共同发展和繁荣的必由之路。

我们郑重宣示，中非建立政治上平等互信、经济上合作共赢、文化上交流互鉴的新型战略伙伴关系；并为此，

——加强高层交往，开展战略对话，增进政治互信，推动世代友好；

——加强互利合作，拓展合作领域，鼓励和促进相互贸易和投资，探索新的合作方式，重点加强在农业、基础设施建设、工业、渔业、信息、医疗卫生和人力资源培训等领域合作，实现优势互补，造福双方人民；

——加强治国理政和发展经验的交流和借鉴，取长补短，共同提高，增强各自自我发展能力；

——加强人文对话，促进人民之间，特别是青年一代的联系与互动，增进在文化、科技、教育、体育、环保、旅游等领域以及妇女事务的交流和合作；

——加强国际合作，共同应对全球性安全威胁和非传统安全挑战，按照互信、互利、平等、协作的精神，维护全体发展中国家的共同利益；

——促进中非合作论坛建设，加强集体对话，推进论坛行动计划与"非洲发展新伙伴计划"以及非洲各国社会经济发展计划的协调与合作；

——从中非友好大局和双方长远利益出发，通过友好协商妥善处理合作中出现的新课题、新挑战。

我们认为，建立新型战略伙伴关系是中非双方的共同愿望和自主选择，符合双方利益，有利于增进发展中国家的相互声援、团结互助和联合自强，也有利于促进世界的持久和平与和谐发展。

我们根据本《宣言》的精神，制定并通过《中非合作论坛——北京行动计划（2007至2009年）》。

我们对双方参加中非合作论坛第三届部长级会议的部长们的努力和出色工作表示赞赏，对中非领导人与工商界代表高层对话会取得的成果表示高兴，对本次峰会取得圆满成功表示祝贺。

拓展阅读

1. 江泽民:《让我们缔造一个更加美好的世界》,1995年10月24日,载《江泽民文选》(第一卷),人民出版社,2006,第476—482页。

2. 江泽民:《在联合国千年首脑会议上的讲话》,2000年9月6日,载《江泽民文选》(第三卷),人民出版社,2006,第107—112页。

3. 胡锦涛:《中国选择和坚持的是和平发展道路》,2005年11月9日,载《胡锦涛文选》(第二卷),人民出版社,2016,第380—384页。

4. 胡锦涛:《统筹国际国内两个大局,提高外交工作能力水平》,2009年7月17日,载《胡锦涛文选》(第三卷),人民出版社,2016,第234—246页。

第十四讲
睦邻外交

中国与周边国家的关系在中国外交中占有重要地位。为了处理好与邻国的关系，中国政府提出了"与邻为善，以邻为伴"的方针和"睦邻、安邻、富邻"的政策。中国与俄罗斯解决了全部边界问题，并签订了《中俄睦邻友好合作条约》，从此，中俄关系开始走上快车道。中国与东南亚国家建立了"10+1""10+3"会晤机制，谨慎妥善地处理南海问题。面对日本领导人参拜靖国神社和钓鱼岛问题对中日关系造成的严重伤害，中国始终坚持维护我国的主权和领土完整，要求日方正确看待历史问题，维护中日关系的大局。本讲共选取4篇参考资料，反映了中国上述外交政策的基本情况。

中华人民共和国和俄罗斯联邦睦邻友好合作条约*

（2001年7月16日）

中华人民共和国和俄罗斯联邦（以下简称"缔约双方"），

基于中俄两国人民睦邻友好的历史传统，

认为一九九二年至二〇〇〇年期间两国元首签署和通过的中俄联合宣言和声明对发展双边关系具有重要意义，

坚信巩固两国间各个领域的友好、睦邻与互利合作符合两国人民的根本利益，有利于维护亚洲乃至世界的和平、安全与稳定，

重申各自根据《联合国宪章》及其参加的其他国际条约所承担的义务，

希望促进建立以恪守公认的国际法原则与准则为基础的公正合理的国际新秩序，

致力于将两国关系提高到崭新的水平，

决心使两国人民间的友谊世代相传，

兹达成协议如下：

第一条

缔约双方根据公认的国际法原则和准则，根据互相尊重主权和领土完整、互不侵犯、互不干涉内政、平等互利、和平共处的原则，长期全面地发展两国睦邻、友好、合作和平等信任的战略协作伙伴关系。

---

* 本篇材料见《中华人民共和国和俄罗斯联邦睦邻友好合作条约》，《人民日报》2001年7月16日第1版。

第二条

缔约双方在其相互关系中不使用武力或以武力相威胁，也不相互采取经济及其他施压手段，彼此间的分歧将只能遵循《联合国宪章》的规定及其他公认的国际法原则和准则，以和平方式解决。

缔约双方重申，承诺互不首先使用核武器和互不将战略核导弹瞄准对方。

第三条

缔约双方相互尊重对方根据本国国情所选择的政治、经济、社会和文化发展道路，确保两国关系长期稳定发展。

第四条

中方支持俄方在维护俄罗斯联邦的国家统一和领土完整问题上的政策。

俄方支持中方在维护中华人民共和国的国家统一和领土完整问题上的政策。

第五条

俄方重申一九九二年至二〇〇〇年期间两国元首签署和通过的政治文件中就台湾问题所阐述的原则立场不变。俄方承认，世界上只有一个中国，中华人民共和国政府是代表全中国的唯一合法政府，台湾是中国不可分割的一部分。俄方反对任何形式的台湾独立。

第六条

缔约双方满意地指出，相互没有领土要求，决心并积极致力于将两国边界建设成为永久和平、世代友好的边界。缔约双方遵循领土和国界不可侵犯的国际法原则，严格遵守两国间的国界。

缔约双方根据一九九一年五月十六日《中华人民共和国和苏维埃社会主义共和国联盟关于中苏国界东段的协定》继续就解决中俄尚未协商一致地段的边界线走向问题进行谈判。在这些问题解决之前，双方在两国边界尚未协商一致的地段维持现状。

第七条

缔约双方将根据现行的协定采取措施，加强边境地区军事领域的信任和相互裁减军事力量。缔约双方将扩大和加深军事领域的信任措施，以加强各自的安全，巩固地区及国际稳定。

缔约双方将本着武器和武装力量合理足够的原则，努力确保本国的安全。

缔约双方根据有关协定进行的军事和军技合作不针对第三国。

第八条

缔约双方不参加任何损害缔约另一方主权、安全和领土完整的联盟或集团，不采取任何此类行动，包括不同第三国缔结此类条约。缔约任何一方不得允许第三国利用其领土损害缔约另一方的国家主权、安全和领土完整。

缔约任何一方不得允许在本国领土上成立损害缔约另一方主权、安全和领土完整的组织和团伙，并禁止其活动。

第九条

如出现缔约一方认为会威胁和平、破坏和平或涉及其安全利益和针对缔约一方的侵略威胁的情况，缔约双方为消除所出现的威胁，将立即进行接触和磋商。

第十条

缔约双方将利用并完善各级别的定期会晤机制，首先是最高级和高级会晤，就双边关系和共同关心的重要而迫切的国际问题定期交换意见、协调立场，以加强平等信任的战略协作伙伴关系。

第十一条

缔约双方主张严格遵守公认的国际法原则和准则，反对任何以武力施压或以种种借口干涉主权国家内政的行为，愿为加强国际和平、稳定、发展与合作进行积极努力。

缔约双方反对可能对国际稳定、安全与和平造成威胁的行为，将在预防国际冲突及其政治解决方面相互协作。

第十二条

缔约双方共同致力于维护全球战略平衡与稳定，并大力促进恪守有关保障维护战略稳定的基本协议。

缔约双方将积极推动核裁军和裁减化学武器进程，促进加强禁止生物武器的制度，采取措施防止大规模杀伤性武器及其运载工具和相关技术的扩散。

第十三条

缔约双方将加强在联合国及其安理会和联合国专门机构的合作。缔约双方将努力增强联合国作为由主权国家组成的最具权威性和最具普遍性的国际组织在处理国际事务，尤其是在和平与发展领域的中心作用，确保联合国安理会在维护国际和平与安全领域的主要责任。

第十四条

缔约双方将大力促进加强两国周边地区的稳定，确立相互理解、信任和合作的气氛，推动旨在上述地区建立符合其实际的安全和合作问题多边协作机制的努力。

第十五条

缔约双方将根据两国政府间有关协定和其他文件处理债权、债务关系，彼此承认缔约一方对位于缔约另一方境内属于对方的资产及其他财产拥有的合法权益。

第十六条

缔约双方将在互利的基础上开展经贸、军技、科技、能源、运输、核能、金融、航天航空、信息技术及其他双方共同感兴趣领域的合作，促进两国边境和地方间经贸合作的发展，并根据本国法律为此创造必要的良好条件。

缔约双方将大力促进发展文化、教育、卫生、信息、旅游、体育和法制领域的交流与合作。

缔约双方将根据本国法律及其参加的国际条约，保障维护知识产权，其中包括著作权和相关权利。

第十七条

缔约双方将在国际金融机构、经济组织和论坛内开展合作，并根据上述机构、组织和论坛章程的规定，促进缔约一方加入缔约另一方已成为成员（参加国）的上述机构。

第十八条

缔约双方将根据各自承担的国际义务及本国法律在促进实现人权和基本自由方面进行合作。

缔约双方将根据各自承担的国际义务以及各自的法律和规定，采取有效措施，保障缔约一方法人和自然人在缔约另一方境内的合法权益，并相互提供必要的民事和刑事司法协助。

缔约双方有关部门将根据相关法律调查与解决缔约一方的法人和自然人在缔约另一方境内进行合作和经营活动过程中出现的问题和纠纷。

第十九条

缔约双方将在保护和改善环境状况，预防跨界污染，公平合理利用边境水体、太平洋北部及界河流域的生物资源领域进行合作，共同努力保护边境地区稀有植物、动物种群和自然生态系统，并就预防两国发生的自然灾害和由技术原因造成的重大事故及消除其后果进行合作。

第二十条

缔约双方将根据本国法律和各自承担的国际义务，在打击恐怖主义、分裂主义和极端主义，以及打击有组织犯罪和非法贩运毒品、精神药品、武器等犯罪活动方面进行积极合作。缔约双方将合作打击非法移民，包括打击通过本国领土非法运送自然人的行为。

第二十一条

缔约双方重视发展两国中央（联邦）立法和执行机关之间的交流与合作。

缔约双方将大力促进开展两国司法机关之间的交流与合作。

第二十二条

本条约不影响缔约双方作为其他国际条约参加国的权利和义务，也不针对任何第三国。

第二十三条

为执行本条约，缔约双方将积极促进在双方都感兴趣的具体领域签订条约。

第二十四条

本条约需经批准，并自互换批准书之日起生效。批准书将在北京互换。

第二十五条

本条约有效期为二十年。如果在本条约期满一年前缔约任何一方均未以书面形式通知缔约另一方要求终止本条约，则本条约将自动延长五年，并依此法顺延。

本条约于二〇〇一年七月十六日在莫斯科签订，一式两份，每份都用中文和俄文写成，两种文本同等作准。

中华人民共和国代表	俄罗斯联邦代表
江泽民	弗拉基米尔·普京

中华人民共和国与东盟国家领导人联合宣言*

（2003年10月8日）

一、我们，中华人民共和国与东盟成员国的国家元首/政府首脑回顾了近年来双方关系的发展历程，一致认为，自1997年《中华人民共和国与东盟国家领导人会议联合声明》发表以来，中国与东盟关系取得了迅速、全面、深入的发展，双方已成为重要合作伙伴。

（一）政治上，双方相互尊重领土主权完整和各自选择的发展道路。在1997年《中华人民共和国与东盟国家首脑会晤联合声明》精神指导下，中国已与东盟10国分别签署着眼于双方21世纪关系发展的政治文件。2003年10月，中国加入《东南亚友好合作条约》，说明双方政治互信进一步增强。

（二）经济上，双方取长补短、互利合作，相互联系与交往不断深化。以农业、信息通信、人力资源开发、相互投资与湄公河流域开发为重点，双方各领域合作稳步推进。2002年，双方签署《全面经济合作框架协议》，启动了中国与东盟自由贸易区建设进程，推动双方经济合作向新的广度和深度扩展。

（三）安全上，中国与东盟积极实践通过对话增进互信，通过谈判和平解决争议，通过合作实现地区安全的理念。为确保南海地区的和平与稳定，双方签署了《南海各方行为宣言》，并同意为最终实现上述目标而努力。双方发表《非传统安全领域合作联合宣言》，在跨国问题上积极开展合作，开辟了安全合作的新领域。

---

* 本篇材料见《中华人民共和国与东盟国家领导人联合宣言——面向和平与繁荣的战略伙伴关系》，《人民日报》2003年10月10日第7版。

（四）在国际和地区事务上，中国与东盟开展了富有成效的合作。双方共同推进东盟与中日韩（10+3）合作、东盟地区论坛、亚洲合作对话、亚太经济合作组织、亚欧会议、东亚—拉美合作论坛等区域和跨区域合作机制的健康发展。双方在共同关心和关切的问题上进行了良好的沟通与协作，在联合国、世界贸易组织等国际组织中相互理解、支持与配合。

二、我们对双方互利合作的深度和广度深感欣慰，一致认为，中国与东盟关系发生了重要、积极的变化。双方在共同关心的各个领域进行了广泛、实质性的合作。双方强调，中国与东盟关系的发展对本地区的和平、发展与合作具有重要的战略意义，为世界的和平与发展也做出了积极贡献。

三、当今，世界正发生复杂而深刻的变化。中国与东盟这两个亚太地区的重要伙伴加强合作，符合双方当前和长远利益，对本地区的和平与繁荣也是有益的。为此，我们一致同意，中国与东盟建立"面向和平与繁荣的战略伙伴关系"。

四、我们宣布，"面向和平与繁荣的战略伙伴关系"的目的是，通过在21世纪全面深化和拓展中国与东盟的合作关系，培育睦邻友好，加强互利合作，为本地区的长期和平、发展与合作做出更大贡献。它是非结盟性、非军事性和非排他性的，不影响各自全方位地发展对外友好合作。

五、我们重申，中国与东盟合作将继续以《联合国宪章》《东南亚友好合作条约》、和平共处五项原则以及其他公认的国际关系准则为指导，以1997年《中华人民共和国与东盟国家首脑会晤联合声明》及双方已签署的各领域合作文件为基础。

六、我们同意，中国与东盟"面向和平与繁荣的战略伙伴关系"，是全面和面向未来的关系，重点是加强在政治、经济、社会、安全以及国际和地区方面的合作。为此，我们决定：

（一）政治合作

1. 加强高层往来与接触，巩固和深化双方人民之间的相互了解与友谊，更加有效、充分地发挥各层次对话与磋商机制的作用。

2. 以中国加入《东南亚友好合作条约》为新起点，进一步加强互信，为双方关系奠定坚实的基础。

3. 就中国加入《东南亚无核区条约》议定书保持磋商。

（二）经济合作

1. 充分发挥市场互补性，保持双方经贸关系快速发展的势头，以实现在2005年双方年贸易额达到1000亿美元的目标。

2. 加快推进中国与东盟自由贸易区谈判。中国与东盟自由贸易区是双方经贸合作的重要支柱，应确保在2010年前顺利建成，并帮助东盟新成员国（越南、老挝、缅甸、柬埔寨）有效参与中国与东盟自由贸易区并从中获益。

3. 进一步深化农业、信息通信、人力资源开发、相互投资、湄公河流域开发等重点领域合作，积极制定并落实有关中长期合作规划。

4. 支持各自促进增长与发展的努力。中方承诺坚决支持东盟缩小发展差距的努力，并愿帮助东盟新成员国缩小发展差距。为此，中方将加大对"东盟一体化倡议"的投入，支持各项次区域合作，包括文莱、印尼、马来西亚、菲律宾的东盟东部增长区、东西走廊计划和柬埔寨、老挝、越南三国的"增长三角"在内的次区域合作。东盟也准备参与中国的西部大开发。

（三）社会合作

1. 落实2003年4月中国与东盟领导人关于非典型肺炎问题特别会议精神，加强公共卫生合作，将建立10+1公共卫生合作基金，启动10+1卫生部长会议机制。

2. 进一步活跃科学、环境、教育、文化、人员等方面的交流，增进双方在这些领域的合作机制。大力加强旅游合作，深化人民之间的了解与友谊。

3. 重视并加强青年交流与合作，建立10+1青年部长会议机制，扩大双方世代友好的基础。

（四）安全合作

1. 加快落实《非传统安全领域合作联合宣言》，积极拓展和深化相关合作。

2. 适时举行中国与东盟有关安全的对话，以增进相互了解，促进本地区的和平与安全。

3. 落实《南海各方行为宣言》，讨论并规划后续行动的具体方式、领域和项目。

（五）国际和地区事务合作

1. 就重大地区和国际问题进行合作，以维护地区的和平与稳定，并维护联合国的权威与中心作用。

2. 在东盟地区论坛框架内保持紧密的协调与合作，促进论坛健康发展。中国支持东盟在东盟地区论坛中发挥主要推动作用，支持东盟根据各方舒适程度，循序渐进地推动东盟地区论坛重叠阶段向前发展。

3. 以东盟与中日韩（10+3）为主渠道，推进东亚、亚洲合作和区域经济合作，促进可持续发展和共同繁荣。

4. 进一步推进亚洲合作对话、亚太经济合作组织、亚欧会议、东亚—拉美合作论坛，及其他区域、跨区域合作规划。

5. 促进自由、公正的全球贸易和经济全球化中的均衡发展。中国坚定地支持老挝、越南尽早成为世界贸易组织成员。

6. 尊重亚太地区的多样性，特别是各国发展道路、安全关切、价值观和文化传统的差异，共筑包容、开放的地区合作与发展环境。

7. 根据本地区乃至全世界的迅速发展，在必要时对本宣言进行阶段性审议。

鉴此，我们签署《中华人民共和国与东盟国家领导人联合宣言》。

2003年10月8日签署于印度尼西亚巴厘岛。

中华人民共和国国务院总理

温家宝（签字）

文莱达鲁萨兰国苏丹

哈吉·哈桑纳尔·博尔基亚（签字）

柬埔寨王国首相

洪森（签字）

印度尼西亚共和国总统
梅加瓦蒂·苏加诺（签字）

老挝人民民主共和国总理
本扬·沃拉吉（签字）

马来西亚总理
马哈蒂尔·宾·穆罕默德（签字）

缅甸联邦总理
钦纽（签字）

菲律宾共和国总统
格洛丽亚·马卡帕加尔·阿罗约（签字）

新加坡共和国总理
吴作栋（签字）

泰王国总理
他信·西那瓦（签字）

越南社会主义共和国总理
潘文凯（签字）

中华人民共和国和俄罗斯联邦
关于二十一世纪国际秩序的联合声明*

（2005年7月1日）

中华人民共和国和俄罗斯联邦（以下简称"双方"），

值此第二次世界大战胜利60周年和联合国成立60周年之际，

本着作为联合国安理会常任理事国对世界和平与发展所负的历史责任，

恪守1997年4月23日《中华人民共和国和俄罗斯联邦关于世界多极化和建立国际新秩序的联合声明》阐述的建立多极世界和国际新秩序的主张，

确认2001年7月16日《中华人民共和国和俄罗斯联邦睦邻友好合作条约》重申的双方战略协作伙伴关系，

声明如下：

一、当今世界正经历历史性的变革。建立国际新秩序的过程将是复杂而漫长的。

和平与发展仍是时代主题。世界多极化和经济全球化作为当前人类发展阶段的重要趋势，其发展进程存在不平衡和矛盾的现象。国家间的相互依存关系大大加强。

21世纪人类面临的中心任务是维护全人类和平、稳定和安全，在平等、维护主权、互相尊重、互利和确保子孙后代发展前景条件下实现全面协调发展。

人类拥有共同实现上述目标的机遇，也面临国际恐怖主义、大规模杀伤性武器扩散、贫富差距、环境恶化、传染病、有组织跨国犯罪、贩毒等

---

* 本篇材料见《中华人民共和国和俄罗斯联邦关于二十一世纪国际秩序的联合声明》，《人民日报》2005年7月2日第1版。

诸多全球性挑战。

二、只有以公认的国际法原则和准则为基础，在公正、合理的世界秩序下，才能解决人类面临的问题。世界各国应严格遵守互相尊重主权和领土完整、互不侵犯、互不干涉内政、平等互利、和平共处的原则。

应充分保障各国根据本国国情选择发展道路的权利、平等参与国际事务的权利和平等发展的权利。必须和平解决分歧与争端，不采取单边行动，不采取强迫政策，不以武力威胁或使用武力。

各国的事情应由各国人民自主决定，世界上的事情应以多边集体为基础通过对话和协商决定。国际社会应彻底摒弃对抗和结盟的思维，不寻求对国际事务的垄断和主导权，不将国家划分为领导型和从属型。

三、联合国是世界上最具普遍性、代表性和权威性的国际组织，其地位和作用不可替代。联合国应在国际事务中发挥主导作用，成为制定和执行国际法基本准则的核心。

联合国维和行动应符合《联合国宪章》的宗旨和原则。必须严格遵守安理会相关决议，开展联合国与区域、次区域组织的合作。联合国在研究全球经济和发展问题上应发挥更大作用。

联合国改革的目的，应是加强其在国际事务中的主导作用，提高效率，增强应对新挑战与威胁的潜力。推进改革应以协商一致原则为基础，充分体现广大成员国的共同利益。

四、全球化进程的积极意义是，借助空前活跃的经贸关系和极为广泛的信息开放，促进世界经济的发展。另一方面，全球化的发展很不平衡，发达国家和地区与世界其他国家和地区的差距拉大。为使全球化进程健康发展，应加强国家间和地区间的协调与互利合作，消除经济关系中的一切歧视，缩小贫富差距，通过扩大和深化经贸、科技交流促进共同繁荣。

国际社会应制定全面和广为接受的经贸体制，其途径是平等谈判、摒弃以施压和制裁迫使单方面经济让步的做法、发挥全球和地区多边组织机制的作用等。

五、占世界人口大多数的发展中国家是维护世界和平与发展的重要力量。国际社会应高度关注消除发展中国家与发达国家发展水平差距的问题。解决该问题的途径首先是保障国际社会所有成员均能平等利用全球化带来的社会经济、科学技术、信息、文化及其他机遇，加强南北、南南互利合作，实现共同发展，有关国家应履行其在联合国及其他多边框架内所承担的相应义务。

六、人权具有普遍性。各国应尊重《世界人权宣言》中规定的人权和基本自由，根据本国国情和传统促进保障和维护人权，在平等和相互尊重的基础上通过对话与合作解决分歧。国际人权保护应建立在坚定维护各国主权平等和不干涉内政的原则基础之上。

七、必须尊重多民族国家的历史传统及其促进各民族和睦相处、共同发展和维护国家统一的努力。任何旨在分裂主权国家和煽动民族仇恨的行为都是不能接受的。不能无视主权国家社会发展的客观进程，不能从外部强加社会政治制度模式。

八、世界文化和文明的多样性应成为相互充实而不是相互冲突的基础。当今世界的主流要求不是搞"文明冲突"，而是必须开展全球合作。应尊重和维护世界文明的多样性和发展模式的多样化。各国历史背景、文化传统、社会政治制度、价值观念和发展道路的差异不应成为干涉别国内政的借口。应在相互尊重和包容中开展文明对话与经验交流，相互借鉴，取长补短，以求共同进步。应加强人文交流以建立国家间友好信任的关系。

九、双方呼吁国际社会共同努力，建立互信、互利、平等、协作的新型安全架构。此架构应以公认的国际关系准则为政治基础，以互利合作和共同繁荣为经济基础，并应建立在尊重各国平等安全权利的基础上。平等对话、协商和谈判应成为解决矛盾和维护和平的手段。

双方支持维护和巩固全球战略稳定以及军控、裁军与防扩散法律体系和多边进程。双方主张尽快促成《全面禁止核试验条约》生效，努力推动加强《不扩散核武器条约》《禁止生物武器公约》《禁止化学武器公约》等军控、防扩散条约的普遍性和有效性。双方呼吁和平利用外空，防止外空武器化和军备竞赛，为此应制定相关的国际法律文件。

双方认为，面对新威胁和新挑战，必须进一步采取有效措施，防止大规模杀伤性武器及其运载工具以及相关材料的扩散。双方决心为此在相关国际组织和论坛框架内紧密合作，同时与其他国家扩大协作。应在国际法框架内，通过政治、外交和国际合作解决扩散问题。

双方将促进落实以《联合国宪章》和其他相关国际法准则为基础，在联合国主导下，建立应对新威胁和挑战的全球系统的倡议。应在新的安全架构内，加强国际合作、共同探索切断恐怖主义资金来源和社会根基的途径，根除恐怖主义和极端主义思想，即暴力、种族、民族和宗教仇恨等思潮。在此问题上不应采用双重标准。国际社会所有成员应坚决谴责恐怖分子和恐怖组织对人权的粗暴侵犯。必须防止恐怖主义组织获取、使用大规模杀伤性武器及其运载工具。

一〇、区域一体化是当前国际形势发展的重要特征。双方指出，建立在地区开放、平等合作和不针对其他国家基础上的多边区域组织在国际新秩序形成过程中发挥着积极作用。在经济领域，地区倡议应促进贸易共同体更加开放和富有成效。在地区安全领域，建立兼顾各参与方利益的、开放的、不针对其他国家的安全合作机制具有根本性意义。双方支持各地区一体化组织建立横向联系，营造互信、合作氛围。

一一、中俄新型国家关系正为建立国际新秩序作出重大贡献。中俄关系的实践印证了本声明所述原则的生命力，同时表明，在此基础上可以有效发展睦邻友好合作关系，解决各种问题。

两国决心与其他有关国家共同不懈努力，建设发展与和谐的世界，成为安全的世界体系中重要的建设性力量。

一二、建立合理和公正的21世纪国际秩序是一个不断寻求各方都可接受的立场和决定的过程。只有在国际社会所有成员都赞同其宗旨和准则的情况下，国际新秩序才真正具有普遍性。

双方呼吁世界各国就建立21世纪国际秩序问题开展广泛对话。世界的未来、人类进步及应对挑战与威胁的能力在很大程度上取决于这一对话的结果。

<table>
<tr><td>中华人民共和国</td><td>俄罗斯联邦</td></tr>
<tr><td>主席</td><td>总统</td></tr>
<tr><td>胡锦涛</td><td>弗拉基米尔·普京</td></tr>
</table>

2005年7月1日于莫斯科

中日关于全面推进战略互惠关系的联合声明*

（2008年5月7日）

应日本国政府邀请，中华人民共和国主席胡锦涛于2008年5月6日至10日对日本国进行国事访问。访问期间，胡锦涛主席会见了明仁天皇，并同福田康夫内阁总理大臣举行会谈，就全面推进战略互惠关系达成广泛共识。双方发表联合声明如下：

一、双方一致认为，中日关系对两国都是最重要的双边关系之一。两国对亚太地区和世界的和平、稳定与发展有着重要影响，肩负着庄严责任。长期和平友好合作是双方唯一选择。双方决心全面推进中日战略互惠关系，实现中日两国和平共处、世代友好、互利合作、共同发展的崇高目标。

二、双方重申，1972年9月29日发表的《中日联合声明》、1978年8月12日签署的《中日和平友好条约》及1998年11月26日发表的《中日联合宣言》构成中日关系稳定发展和开创未来的政治基础，确认继续恪守三个文件的各项原则。双方确认，继续坚持和全面落实2006年10月8日及2007年4月11日发表的《中日联合新闻公报》的各项共识。

三、双方决心正视历史、面向未来，不断开创中日战略互惠关系新局面。双方将不断增进相互理解和相互信任，扩大互利合作，使中日关系的发展方向与世界发展潮流相一致，共同开创亚太地区和世界的美好未来。

四、双方确认，两国互为合作伙伴，互不构成威胁。双方重申，相互支持对方的和平发展。双方确信，坚持和平发展的中国和日本将给亚洲和世界带来巨大机遇和利益。

---

* 本篇材料见《中日关于全面推进战略互惠关系的联合声明》，《人民日报》2008年5月8日第3版。

中国自改革开放以来取得的发展给包括日本在内的国际社会带来了巨大机遇，日方对此表示积极评价。中国愿为构建持久和平、共同繁荣的世界作出贡献，日方对此表示支持。

日本在战后60多年来，坚持走作为和平国家的道路，通过和平手段为世界和平与稳定作出贡献，中方对此表示积极评价。双方同意就联合国改革问题加强对话与沟通，努力增加共识。中方表示重视日本在联合国的地位和作用，愿意看到日本在国际事务中发挥更大的建设性作用。

双方坚持通过协商和谈判解决两国间的问题。

五、日方重申，继续坚持在《日中联合声明》中就台湾问题表明的立场。

六、双方决定在以下五大领域构筑对话与合作框架，开展合作。

（一）增进政治互信

双方确认，增进政治安全互信对构筑中日战略互惠关系具有重要意义。双方决定：

——建立两国领导人定期互访机制，原则上隔年互访，在多边场合频繁举行会晤。加强政府、议会、政党间的交流和战略对话机制，就双边关系和各自内外政策及国际形势加强沟通，努力提高政策透明度。

——加强安全保障领域的高层互访，促进多层次对话与交流，进一步加深相互理解和信任。

——为进一步理解和追求国际社会公认的基本和普遍价值进行紧密合作，不断加深对在长期交流中共同培育、共同拥有的文化的理解。

（二）促进人文交流，增进国民友好感情

双方确认，不断增进两国人民特别是青少年之间的相互了解和友好感情，有利于巩固中日世代友好与合作的基础。为此，双方决定：

——广泛开展两国媒体、友城、体育、民间团体之间的交流，开展丰富多彩的文化交流及知识界交流。

——持之以恒地开展青少年交流。

（三）加强互利合作

双方确认，中日两国作为对世界经济有重要影响的国家，将为世界经济的可持续增长作出贡献，决定重点开展以下合作：

——在能源和环境领域开展合作是我们对子孙后代和国际社会的义

务，基于这一认识，要特别加强在这一领域的合作。

——在贸易、投资、信息通信技术、金融、食品及产品安全、知识产权保护、商务环境、农林水产业、交通运输及旅游、水、医疗等广泛领域开展互利合作，扩大共同利益。

——从战略高度有效运用中日经济高层对话。

——共同努力，使东海成为和平、合作、友好之海。

（四）共同致力于亚太地区的发展

双方确认，中日两国作为亚太地区重要国家，将就本地区事务保持密切沟通，加强协调与合作。双方决定重点开展以下合作：

——共同致力于维护东北亚地区和平与稳定。共同推动六方会谈进程。双方一致认为，日朝关系正常化对东北亚地区的和平与稳定具有重要意义。中方对日朝解决有关问题，实现关系正常化表示欢迎和支持。

——本着开放、透明和包容的原则，促进东亚区域合作，共同推动建设和平、繁荣、稳定和开放的亚洲。

（五）共同应对全球性课题

双方确认，中日两国在21世纪对世界的和平与发展肩负更大责任，愿就重大国际问题加强协调，共同推动建设持久和平、共同繁荣的世界。双方决定开展以下合作：

——双方将在《联合国气候变化框架公约》框架下，根据"共同但有区别的责任及各自能力"的原则，按照巴厘路线图积极参与构建2012年之后有实效的应对气候变化国际框架。

——双方确认能源安全、环境保护、贫困、传染病等全球性问题是双方面临的共同挑战，双方将从战略高度开展有效合作，共同为推动解决上述问题作出应有贡献。

   中华人民共和国主席   日本国内阁总理大臣
     胡锦涛   福田康夫
     （签字）   （签字）

2008年5月7日于东京

拓展阅读

1. 江泽民:《同周边国家发展睦邻友好关系》,2001年8月6日,载《江泽民文选》(第三卷),人民出版社,2006,第313—318页。

2. 《胡锦涛会见日中友好七团体负责人》,《人民日报》2006年4月1日第1版。

第十五讲
与美欧等国关系的曲折发展

　　世纪之交，国际形势复杂多变。中国与西方大国，特别是与美国的关系经历了一些重大波折。如中国驻南联盟使馆遭到以美国为首的北约轰炸事件、南海撞机事件等，都曾给中美关系造成了严重的损害。随着"9·11"事件的发生，中美两国在反对恐怖主义等领域有了更多的共同利益，中美关系才逐渐趋于稳定。2005年以来，中美先后建立中美战略对话机制和中美战略与经济对话机制，两国关系经历了一段平稳快速的发展时期。同时，中国与欧洲大国和欧盟的关系也有所发展，但是，中方坚决反对欧洲国家对中国西藏事务的干涉。本讲共选取5篇参考资料，基本反映了中美关系从危机频发到平稳发展的转变过程以及中欧关系的曲折发展。

我国政府发表严正声明[*]

（1999年5月8日）

5月7日午夜，以美国为首的北约悍然使用3枚导弹，从不同角度袭击了中华人民共和国驻南斯拉夫联盟共和国大使馆，造成馆舍严重毁坏，迄今为止已有2人死亡，2人失踪，20余人受伤。

以美国为首的北约对南斯拉夫40多天的狂轰滥炸，已经造成无辜平民大量伤亡，现在又居然轰炸中国大使馆。北约的这一行径是对中国主权的粗暴侵犯，也是对维也纳外交关系公约和国际关系基本准则的肆意践踏。这在外交史上是罕见的。

中国政府和人民对这一野蛮暴行表示极大愤慨和严厉谴责，并提出最强烈抗议。以美国为首的北约必须对此承担全部责任。中国政府保留采取进一步措施的权利。

---

[*] 本篇材料见《我国政府发表严正声明》，《人民日报》1999年5月9日第1版。

唐家璇外长向美方提出严正交涉*

（1999年5月10日）

外交部长唐家璇今天代表中国政府再次就以美国为首的北约用导弹袭击中国驻南斯拉夫联盟共和国大使馆事件向美国驻中国大使尚慕杰提出严正交涉。

唐家璇说，以美国为首的北约悍然用导弹袭击了中华人民共和国驻南斯拉夫联盟共和国大使馆，造成重大人员伤亡和馆舍的损坏，这是对《联合国宪章》和国际关系基本准则的公然蔑视和严重破坏，是对中国主权的粗暴侵犯。中国政府已就此发表了严正声明，对这一野蛮行径表示了极大愤慨，予以强烈谴责，并向以美国为首的北约提出了最强烈抗议，要求以美国为首的北约必须对这一事件承担全部责任。中方将继续密切关注情况的发展。他代表中国政府，目前向以美国为首的北约提出以下严正要求：

一、公开、正式向中国政府、中国人民和中国受害者家属道歉。

二、对北约导弹袭击中国驻南斯拉夫联盟共和国大使馆事件进行全面、彻底的调查。

三、迅速公布调查的详细结果。

四、严惩肇事者。

他说，必须指出，以美国为首的北约对南斯拉夫联盟共和国的军事行动给这一地区人民造成了深重灾难。以美国为首的北约应立即停止对南斯拉夫联盟共和国的军事行动，使科索沃问题早日回到政治解决的轨道上来。

中方还就此向美方递交了正式照会。

---

* 本篇材料见《唐家璇外长代表我国政府正式照会美驻华大使　再次向美方提出严正交涉》，《人民日报》1999年5月11日第1版。

中国对欧盟政策文件（节选）*

（2003年10月13日）

....

第二部分　中国对欧盟政策

中国重视欧盟在地区和国际事务中的作用和影响。历史证明，1975年中国与欧洲经济共同体建立外交关系符合双方的利益。中欧关系有过波折，但总体发展良好并日趋成熟，已步入全面健康发展的轨道。1998年，中欧领导人年度会晤机制起步。2001年，中欧建立全面伙伴关系。双方在政治、经贸、科技、文教等领域的磋商日益密切，合作成果显著。中欧关系处于历史最好时期。

中欧之间不存在根本利害冲突，互不构成威胁。由于历史文化传统、政治制度和经济发展阶段的差异，中欧在某些问题上存在不同看法和分歧是正常的。只要本着平等和相互尊重的精神妥善处理，分歧不会成为中欧发展互信互利关系的障碍。

中欧之间的共同点远远超过分歧。中欧都主张国际关系民主化，主张加强联合国作用，反对国际恐怖主义，主张消除贫困，保护环境，实现可持续发展；中欧各具经济优势，互补性强。欧盟经济发达，技术先进，资金雄厚。中国经济持续增长，市场广大，劳动力资源丰富。双方经贸和技术合作前景广阔；中欧各有悠久历史和灿烂文明，都主张加强文化交流，相互借鉴。中欧在政治经济文化方面的共识与互动构成中欧关系不断发展

＊ 本篇材料见《中国对欧盟政策文件》，《人民日报》2003年10月14日第7版。

的坚实基础。

加强与不断发展中欧关系是中国外交政策的重要组成部分。中国致力于构筑中欧长期稳定的全面伙伴关系。中国对欧盟的政策目标是：

——互尊互信，求同存异，促进政治关系健康稳定发展，共同维护世界和平与稳定。

——互利互惠，平等协商，深化经贸合作，推动共同发展。

——互鉴互荣，取长补短，扩大人文交流，促进东西方文化的和谐与进步。

第三部分　加强中欧各领域合作

一、政治方面

（一）加强高层交往与政治对话

——以多种方式保持双方高层的密切接触与及时沟通。

——发挥中欧领导人年度会晤功能，充实内涵，注重实效，加强协调。

——认真执行中欧政治对话协议，不断完善和加强各级别的定期和不定期磋商机制。

——深化同欧盟各成员国，包括新成员国的关系，维护中欧总体关系的稳定性和连续性。

（二）恪守一个中国原则

一个中国原则是中欧关系政治基础的重要组成部分。妥善处理台湾问题关系到中欧关系的稳定发展。中方赞赏欧盟及其成员国恪守一个中国的原则，希望欧方始终尊重中方在台湾问题上的重大关切，警惕台湾当局制造"两个中国""一中一台"的图谋，慎重处理涉台问题：

——不允许台政要以任何借口赴欧盟及成员国活动，不与台当局进行任何具有官方性质的接触与往来。

——不支持台加入只有主权国家参加的国际组织。台以"台湾、澎湖、金门、马祖单独关税区"（简称"中国台北"）名义加入世界贸易组织不意味台湾作为中国一部分的地位有任何改变，与台交往应严格限制在非官方和民间范畴。

——不售台武器和可用于军事目的的设备、物资及技术。

（三）鼓励港、澳与欧盟合作

中国中央政府支持和鼓励香港特别行政区和澳门特别行政区按照"一国两制"方针和基本法的规定在平等互利基础上发展与欧盟的友好合作关系。

（四）推动欧盟了解西藏

中国鼓励欧方各界人士到西藏访问；欢迎欧盟及其成员国在尊重中国法律、法规的前提下为西藏经济、文教和社会发展提供支持，开展合作；要求欧方不与所谓"西藏流亡政府"接触，不为达赖集团的分裂活动提供便利。

（五）继续开展人权对话

中欧在人权问题上有共识，但也存在分歧。中方赞赏欧盟坚持对话、不搞对抗的立场，愿在平等和相互尊重基础上同欧盟继续开展人权对话、交流与合作，互通信息，增进了解，深化包括经社文权利、弱势群体权利保障在内的合作。

（六）加强国际合作

——就重大国际和地区热点问题加强磋商与协调。

——加强中欧在联合国合作，共同维护联合国权威；推动联合国在保障世界和平，促进经济与社会发展，特别是在帮助发展中国家消除贫困、改善全球环境、禁毒等领域发挥主导作用，并支持联合国改革。

——推动亚欧合作进程。中欧共同努力，使亚欧会议成为洲际平等合作的典范、东西方文明交流的渠道和建立国际政治经济新秩序的推动力量。

——共同打击恐怖主义。中欧都是恐怖主义的受害者，都反对一切形式的恐怖主义，也反对将恐怖主义与特定国家、民族或宗教挂钩，中欧应在反恐方面保持密切接触与合作。

——共同维护国际军控、裁军与防扩散体系，在相互尊重的基础上加强磋商与协调；在防扩散出口控制领域和防止外空武器化及外空军备竞赛等方面加强交流与合作；共同为解决杀伤人员地雷、战争遗留爆炸物等问题做出贡献；加强在履行国际军控条约方面的合作。

（七）增进中欧立法机构间的相互了解

中国全国人民代表大会与欧盟成员国议会及欧洲议会的关系是中欧关系的重要组成部分。中国政府欢迎并支持双方立法机构在相互尊重、加深了解、求同存异、发展合作的基础上加强交流与对话。

（八）增加中欧政党往来

中国政府愿意看到欧盟各主要政党、议会党团及区域性政党组织在独立自主、完全平等、互相尊重、互不干涉内部事务的原则基础上同中国共产党增加交往与合作。

…………

中法新闻公报*

(2009年4月1日)

经过多次磋商,中华人民共和国外交部与法兰西共和国外交部达成以下共识:

双方重申高度重视中法关系,愿以战略和长远眼光、在相互尊重和重视彼此根本利益的基础上,以纪念中法建交45周年为契机,加强全面战略伙伴关系。中法两国重申坚持《联合国宪章》规定的不干涉内政的原则,同意本着相互信任的精神就涉及双方根本利益的事宜加强协商。

法国充分认识到西藏问题的重要性和敏感性,重申坚持一个中国政策,坚持西藏是中国领土不可分割的一部分。这一由戴高乐将军做出的决定没有也不会改变。本着这一精神,并根据不干涉内政的原则,法国拒绝支持任何形式的"西藏独立"。

双方认为,在当前国际政治、经济形势发生深刻变化的背景下,中法作为联合国安理会常任理事国,在维护世界和平和促进发展方面负有重要责任。双方愿加强沟通与协调,共同应对国际金融危机等全球性挑战。

本着这一精神,双方决定适时举行高层接触与战略对话,促进双边各领域合作,推动中法关系和谐稳定发展。

---

* 本篇材料见《中法新闻公报》,《人民日报》2009年4月2日第4版。

中美联合声明(节选)*

(2009年11月17日)

……………

一、中美关系

双方认为,两国领导人保持密切交往对确保中美关系长期健康稳定发展至关重要。双方认为两国元首今年以来的三次会晤和两国其他重要双边交往加强了两国关系。奥巴马总统邀请胡锦涛主席于明年访问美国,胡主席愉快地接受了邀请。两国领导人将继续通过互访、会晤、通话、书信等方式保持密切沟通。

双方高度评价中美战略与经济对话机制的重要作用,认为对话为两国增进理解、扩大共识、减少分歧、寻求对共同问题的解决办法提供了独特的平台。双方认为今年七月在华盛顿举行的首轮对话成果丰硕,同意切实履行双方在首轮对话中所作承诺并将于二〇一〇年夏天在北京举行第二轮对话。双方同意继续利用高层领导人的直接联系渠道就重大敏感问题保持及时沟通,将两国外长年度互访机制化,并鼓励两国其他部门高级官员经常互访。

双方积极评价中国中央军事委员会副主席上将今年十月访美成果,表示将采取具体措施推进两军关系未来持续、可靠地向前发展。双方将共同做好二〇一〇年中国人民解放军总参谋长陈炳德上将访美和美国国防部长罗伯特·盖茨、美军参谋长联席会议主席迈克尔·马伦上将访华有关准备

---

* 本篇材料见《中美联合声明》,《人民日报》2009年11月18日第2版。

工作，积极落实两军已商定的各项交流与合作计划，包括提高两军交往的级别和频率。上述措施旨在加强双方开展务实合作的能力，增进对彼此意图和国际安全环境的理解。

双方同意在平等互利基础上深化反恐磋商与合作，加强执法合作。双方同意以对等的方式及时就执法事务交换证据和情报。双方将就共同关心的案件开展联合调查，并为对方提供调查协助。双方将加强在刑事调查方面的合作，深化在打击贪污、禁毒和前体化学品控制、打击非法移民活动方面的合作，加强在打击跨国犯罪和犯罪集团以及反洗钱和包括打击制造伪钞、追讨非法资金在内的反恐融资领域的共同努力，并打击走私和贩卖人口。

美方重申支持中国上海举办二〇一〇年世博会。

双方积极评价《中美科技合作协定》签署三十年来两国科技合作与交流取得的丰硕成果，同意通过中美科技合作联委会进一步提升两国在科技创新领域交流与合作的水平。

双方期待本着透明、对等和互利原则，就航天科学合作加强讨论并在载人航天飞行和航天探索方面开启对话。双方欢迎美国国家航空航天局局长和中方相应官员在二〇一〇年实现互访。

双方同意加强民用航空领域合作，确认愿扩大《中国民用航空局与美国联邦航空局民航技术合作协议备忘录》。双方欢迎两国公共和私营机构在高速铁路基础设施建设方面进行合作。

双方承诺将落实最近签署的《中美两国农业部关于农业合作的谅解备忘录》。

双方同意就卫生健康领域进一步开展联合研究，包括干细胞联合研究等。双方将深化在全球公共卫生领域的合作，包括甲型H1N1流感的预防、监控、报告和控制以及禽流感、艾滋病毒及艾滋病、肺结核、疟疾。双方还将加强在食品安全和产品质量方面的合作。

双方强调各国及各国人民都有权选择自身发展道路。各国应相互尊重对方对于发展模式的选择。双方都认识到，中国与美国在人权领域存在分歧。双方本着平等和相互尊重的精神处理有关分歧，并按照国际人权文书促进和保护人权，决定于二〇一〇年二月底前在华盛顿举行下一轮中美人权对话。双方认为在法律领域促进合作并就法治问题交流符合两国人民和政府的利益和需要。双方决定尽早举行中美法律专家对话。

双方认为,人文交流对促进更加紧密的中美关系具有重要作用。为促进人文交流,双方原则同意建立一个新的双边机制。双方高兴地看到近年来在彼此国家留学的人数不断增加。目前在美国的中国留学人员已接近十万人,美方将接受更多中国留学人员赴美学习并为中国留学人员赴美提供签证便利。美国在华留学人员约有两万名。美方将启动一个鼓励更多美国人来华留学的新倡议,今后四年向中国派遣十万名留学人员。中方欢迎美方上述决定。双方同意加紧商谈并于二〇一〇年续签《中华人民共和国政府和美利坚合众国政府文化协定二〇一〇至二〇一二年执行计划》,并适时在美合作举办第二届"中美文化论坛"。

二、建立和深化双边战略互信

双方认为,二十一世纪全球性挑战日益增多,世界各国相互依存不断加深,对和平、发展与合作的需求增强。中美在事关全球稳定与繁荣的众多重大问题上,拥有更加广泛的合作基础,肩负更加重要的共同责任。两国应进一步加强协调与合作,共同应对挑战,为促进世界和平、安全、繁荣而努力。

双方认为,培育和深化双边战略互信对新时期中美关系发展至关重要。在双方讨论中,中方表示,中国始终不渝走和平发展道路,始终不渝奉行互利共赢的开放战略,致力于推动建立持久和平、共同繁荣的和谐世界。美方重申,美方欢迎一个强大、繁荣、成功、在国际事务中发挥更大作用的中国。美方表示,美国致力于与其他国家共同努力应对所面临的最困难的国际问题。中方表示,欢迎美国作为一个亚太国家为本地区和平、稳定与繁荣作出努力。双方重申致力于建设二十一世纪积极合作全面的中美关系,并将采取切实行动稳步建立应对共同挑战的伙伴关系。

双方强调台湾问题在中美关系中的重要性。中方强调,台湾问题涉及中国主权和领土完整,希望美方信守有关承诺,理解和支持中方在此问题上的立场。美方表示奉行一个中国政策,遵守中美三个联合公报的原则。

美方欢迎台湾海峡两岸关系和平发展，期待两岸加强经济、政治及其他领域的对话与互动，建立更加积极、稳定的关系。

双方重申，互相尊重主权和领土完整这一根本原则是指导中美关系的中美三个联合公报的核心。双方均不支持任何势力破坏这一原则的任何行动。双方一致认为，尊重彼此核心利益对确保中美关系稳定发展极端重要。

双方认为，中美两国在共同应对全球挑战方面开展合作，有助于促进世界繁荣与安全。双方重申一九九八年六月二十七日作出的关于不把各自控制下的战略核武器瞄准对方的承诺。双方认为，两国在推动和平利用外空方面拥有共同利益，双方同意采取步骤加强外空安全。双方同意通过中美战略与经济对话、两军交往等渠道就具有战略重要性的问题进行讨论。

双方同意通过现有磋商和对话渠道，根据国际法准则，在相互尊重管辖权和利益的基础上妥善处理军事安全和海上安全问题。

…………

拓展阅读

1. 江泽民:《同仇敌忾,团结御侮》,1999年5月8日、9日、11日,载《江泽民文选》(第二卷),人民出版社,2006,第321—328页。

2. 胡锦涛:《就北约袭击我国驻南斯拉夫大使馆发表的电视讲话》,1999年5月9日,载《胡锦涛文选》(第一卷),人民出版社,2016,第371—373页。

3. 江泽民:《在欢迎我国驻南斯拉夫联盟共和国工作人员大会上的讲话》,1999年5月14日,《人民日报》1999年5月14日第1版。

4. 胡锦涛:《推进互利共赢合作,发展新型大国关系》,载《胡锦涛文选》(第三卷),人民出版社,2016,第583—586页。

第十六讲
中国特色大国外交

　　党的十八大以来，习近平总书记以伟大政治家、战略家、外交家的远见卓识和非凡胆略，谋划运筹外交工作全局，指引中国外交开拓前行，更加自信、更加鲜明地展现出中国特色、中国风格、中国气派，并形成了习近平外交思想。习近平外交思想是习近平新时代中国特色社会主义思想的重要组成部分，是马克思主义基本原理同中国特色大国外交实践相结合的重大理论成果，是新中国外交优良传统的继承发展和理论创新的重大飞跃，是新时代我国对外工作的根本遵循和行动指南。在以习近平同志为核心的党中央领导下，中国积极倡导构建人类命运共同体，深入推进全方位外交布局，推动共建"一带一路"高质量发展，促进全球治理体系变革，提出全球发展倡议和全球安全倡议，坚定维护国家利益，为实现"两个一百年"的奋斗目标营造了良好的外部环境，为世界和平与发展作出了新的重大贡献。本讲共选取5篇参考资料，基本全面地反映了习近平外交思想的深刻内容和重大意义。

习近平在周边外交工作座谈会上发表重要讲话，提出坚持亲诚惠容的周边外交理念（节选）*

（2013年10月24日）

周边外交工作座谈会10月24日至25日在北京召开，这是党中央为做好新形势下周边外交工作召开的一次重要会议。中共中央总书记、国家主席、中央军委主席习近平在会上发表重要讲话。他强调，做好周边外交工作，是实现"两个一百年"奋斗目标、实现中华民族伟大复兴的中国梦的需要，要更加奋发有为地推进周边外交，为我国发展争取良好的周边环境，使我国发展更多惠及周边国家，实现共同发展。

············

习近平强调，我国周边外交的基本方针，就是坚持与邻为善、以邻为伴，坚持睦邻、安邻、富邻，突出体现亲诚惠容的理念。发展同周边国家睦邻友好关系是我国周边外交的一贯方针。要坚持睦邻友好，守望相助；讲平等、重感情；常见面，多走动；多做得人心、暖人心的事，使周边国家对我们更友善、更亲近、更认同、更支持，增强亲和力、感召力、影响力。要诚心诚意对待周边国家，争取更多朋友和伙伴。要本着互惠互利的原则同周边国家开展合作，编织更加紧密的共同利益网络，把双方利益融合提升到更高水平，让周边国家得益于我国发展，使我国也从周边国家共同发展中获得裨益和助力。要倡导包容的思想，强调亚太之大容得下大家共同发展，以更加开放的胸襟和更加积极的态度促进地区合作。这些理

---

* 本篇材料见《为我国发展争取良好周边环境　推动我国发展更多惠及周边国家》，《人民日报》2013年10月26日第1版。

念，首先我们自己要身体力行，使之成为地区国家遵循和秉持的共同理念和行为准则。

　　…………

习近平在中央外事工作会议上发表重要讲话，提出中国必须有自己特色的大国外交（节选）*

（2014年11月28日）

中央外事工作会议11月28日至29日在北京召开。中共中央总书记、国家主席、中央军委主席习近平在会上发表重要讲话强调，要高举和平、发展、合作、共赢的旗帜，统筹国内国际两个大局，统筹发展安全两件大事，牢牢把握坚持和平发展、促进民族复兴这条主线，维护国家主权、安全、发展利益，为和平发展营造更加有利的国际环境，维护和延长我国发展的重要战略机遇期，为实现"两个一百年"奋斗目标、实现中华民族伟大复兴的中国梦提供有力保障。

....

习近平强调，中国必须有自己特色的大国外交。我们要在总结实践经验的基础上，丰富和发展对外工作理念，使我国对外工作有鲜明的中国特色、中国风格、中国气派。要坚持中国共产党领导和中国特色社会主义，坚持我国的发展道路、社会制度、文化传统、价值观念。要坚持独立自主的和平外交方针，坚持把国家和民族发展放在自己力量的基点上，坚定不移走自己的路，走和平发展道路，同时决不能放弃我们的正当权益，决不能牺牲国家核心利益。要坚持国际关系民主化，坚持和平共处五项原则，坚持国家不分大小、强弱、贫富都是国际社会平等成员，坚持世界的命运必须由各国人民共同掌握，维护国际公平正义，特别是要为广大发展中国家说话。

....

---

* 本篇材料见《中央外事工作会议在京举行》，《人民日报》2014年11月30日第1版。

推动共建丝绸之路经济带和
21世纪海上丝绸之路的愿景与行动（节选）*

（2015年3月28日）

....

二、共建原则

恪守联合国宪章的宗旨和原则。遵守和平共处五项原则，即尊重各国主权和领土完整、互不侵犯、互不干涉内政、和平共处、平等互利。

坚持开放合作。"一带一路"相关的国家基于但不限于古代丝绸之路的范围，各国和国际、地区组织均可参与，让共建成果惠及更广泛的区域。

坚持和谐包容。倡导文明宽容，尊重各国发展道路和模式的选择，加强不同文明之间的对话，求同存异、兼容并蓄、和平共处、共生共荣。

坚持市场运作。遵循市场规律和国际通行规则，充分发挥市场在资源配置中的决定性作用和各类企业的主体作用，同时发挥好政府的作用。

坚持互利共赢。兼顾各方利益和关切，寻求利益契合点和合作最大公约数，体现各方智慧和创意，各施所长，各尽所能，把各方优势和潜力充分发挥出来。

---

* 本篇材料见《推动共建丝绸之路经济带和21世纪海上丝绸之路的愿景与行动》，《人民日报》2015年3月29日第4版。

三、框架思路

"一带一路"是促进共同发展、实现共同繁荣的合作共赢之路，是增进理解信任、加强全方位交流的和平友谊之路。中国政府倡议，秉持和平合作、开放包容、互学互鉴、互利共赢的理念，全方位推进务实合作，打造政治互信、经济融合、文化包容的利益共同体、命运共同体和责任共同体。

"一带一路"贯穿亚欧非大陆，一头是活跃的东亚经济圈，一头是发达的欧洲经济圈，中间广大腹地国家经济发展潜力巨大。丝绸之路经济带重点畅通中国经中亚、俄罗斯至欧洲（波罗的海）；中国经中亚、西亚至波斯湾、地中海；中国至东南亚、南亚、印度洋。21世纪海上丝绸之路重点方向是从中国沿海港口过南海到印度洋，延伸至欧洲；从中国沿海港口过南海到南太平洋。

根据"一带一路"走向，陆上依托国际大通道，以沿线中心城市为支撑，以重点经贸产业园区为合作平台，共同打造新亚欧大陆桥、中蒙俄、中国—中亚—西亚、中国—中南半岛等国际经济合作走廊；海上以重点港口为节点，共同建设通畅安全高效的运输大通道。中巴、孟中印缅两个经济走廊与推进"一带一路"建设关联紧密，要进一步推动合作，取得更大进展。

"一带一路"建设是沿线各国开放合作的宏大经济愿景，需各国携手努力，朝着互利互惠、共同安全的目标相向而行。努力实现区域基础设施更加完善，安全高效的陆海空通道网络基本形成，互联互通达到新水平；投资贸易便利化水平进一步提升，高标准自由贸易区网络基本形成，经济联系更加紧密，政治互信更加深入；人文交流更加广泛深入，不同文明互鉴共荣，各国人民相知相交、和平友好。

四、合作重点

沿线各国资源禀赋各异，经济互补性较强，彼此合作潜力和空间很大。以政策沟通、设施联通、贸易畅通、资金融通、民心相通为主要内容，重点在以下方面加强合作。

政策沟通。加强政策沟通是"一带一路"建设的重要保障。加强政府间合作，积极构建多层次政府间宏观政策沟通交流机制，深化利益融合，促进政治互信，达成合作新共识。沿线各国可以就经济发展战略和对策进行充分交流对接，共同制定推进区域合作的规划和措施，协商解决合作中的问题，共同为务实合作及大型项目实施提供政策支持。

设施联通。基础设施互联互通是"一带一路"建设的优先领域。在尊重相关国家主权和安全关切的基础上，沿线国家宜加强基础设施建设规划、技术标准体系的对接，共同推进国际骨干通道建设，逐步形成连接亚洲各次区域以及亚欧非之间的基础设施网络。强化基础设施绿色低碳化建设和运营管理，在建设中充分考虑气候变化影响。

抓住交通基础设施的关键通道、关键节点和重点工程，优先打通缺失路段，畅通瓶颈路段，配套完善道路安全防护设施和交通管理设施设备，提升道路通达水平。推进建立统一的全程运输协调机制，促进国际通关、换装、多式联运有机衔接，逐步形成兼容规范的运输规则，实现国际运输便利化。推动口岸基础设施建设，畅通陆水联运通道，推进港口合作建设，增加海上航线和班次，加强海上物流信息化合作。拓展建立民航全面合作的平台和机制，加快提升航空基础设施水平。

加强能源基础设施互联互通合作，共同维护输油、输气管道等运输通道安全，推进跨境电力与输电通道建设，积极开展区域电网升级改造合作。

共同推进跨境光缆等通信干线网络建设，提高国际通信互联互通水平，畅通信息丝绸之路。加快推进双边跨境光缆等建设，规划建设洲际海底光缆项目，完善空中（卫星）信息通道，扩大信息交流与合作。

贸易畅通。投资贸易合作是"一带一路"建设的重点内容。宜着力研究解决投资贸易便利化问题，消除投资和贸易壁垒，构建区域内和各国良好的营商环境，积极同沿线国家和地区共同商建自由贸易区，激发释放合作潜力，做大做好合作"蛋糕"。

沿线国家宜加强信息互换、监管互认、执法互助的海关合作，以及检验检疫、认证认可、标准计量、统计信息等方面的双多边合作，推动世界贸易组织《贸易便利化协定》生效和实施。改善边境口岸通关设施条件，加快边境口岸"单一窗口"建设，降低通关成本，提升通关能力。加强供应链安全与便利化合作，推进跨境监管程序协调，推动检验检疫证书国际互联网核查，开展"经认证的经营者"（AEO）互认。降低非关税壁垒，共同提高技术性贸易措施透明度，提高贸易自由化便利化水平。

拓宽贸易领域，优化贸易结构，挖掘贸易新增长点，促进贸易平衡。创新贸易方式，发展跨境电子商务等新的商业业态。建立健全服务贸易促进体系，巩固和扩大传统贸易，大力发展现代服务贸易。把投资和贸易有机结合起来，以投资带动贸易发展。

加快投资便利化进程，消除投资壁垒。加强双边投资保护协定、避免双重征税协定磋商，保护投资者的合法权益。

拓展相互投资领域，开展农林牧渔业、农机及农产品生产加工等领域深度合作，积极推进海水养殖、远洋渔业、水产品加工、海水淡化、海洋生物制药、海洋工程技术、环保产业和海上旅游等领域合作。加大煤炭、油气、金属矿产等传统能源资源勘探开发合作，积极推动水电、核电、风电、太阳能等清洁、可再生能源合作，推进能源资源就地就近加工转化合作，形成能源资源合作上下游一体化产业链。加强能源资源深加工技术、装备与工程服务合作。

推动新兴产业合作，按照优势互补、互利共赢的原则，促进沿线国家加强在新一代信息技术、生物、新能源、新材料等新兴产业领域的深入合作，推动建立创业投资合作机制。

优化产业链分工布局，推动上下游产业链和关联产业协同发展，鼓励建立研发、生产和营销体系，提升区域产业配套能力和综合竞争力。扩大服务业相互开放，推动区域服务业加快发展。探索投资合作新模式，鼓励合作建设境外经贸合作区、跨境经济合作区等各类产业园区，促进产业集群发展。在投资贸易中突出生态文明理念，加强生态环境、生物多样性和应对气候变化合作，共建绿色丝绸之路。

中国欢迎各国企业来华投资。鼓励本国企业参与沿线国家基础设施建设和产业投资。促进企业按属地化原则经营管理，积极帮助当地发展经济、增加就业、改善民生，主动承担社会责任，严格保护生物多样性和生态环境。

资金融通。资金融通是"一带一路"建设的重要支撑。深化金融合作，推进亚洲货币稳定体系、投融资体系和信用体系建设。扩大沿线国家双边本币互换、结算的范围和规模。推动亚洲债券市场的开放和发展。共同推进亚洲基础设施投资银行、金砖国家开发银行筹建，有关各方就建立上海合作组织融资机构开展磋商。加快丝路基金组建运营。深化中国—东盟银行联合体、上合组织银行联合体务实合作，以银团贷款、银行授信等方式开展多边金融合作。支持沿线国家政府和信用等级较高的企业以及金融机构在中国境内发行人民币债券。符合条件的中国境内金融机构和企业可以在境外发行人民币债券和外币债券，鼓励在沿线国家使用所筹资金。

加强金融监管合作，推动签署双边监管合作谅解备忘录，逐步在区域内建立高效监管协调机制。完善风险应对和危机处置制度安排，构建区域性金融风险预警系统，形成应对跨境风险和危机处置的交流合作机制。加强征信管理部门、征信机构和评级机构之间的跨境交流与合作。充分发挥丝路基金以及各国主权基金作用，引导商业性股权投资基金和社会资金共同参与"一带一路"重点项目建设。

民心相通。民心相通是"一带一路"建设的社会根基。传承和弘扬丝绸之路友好合作精神，广泛开展文化交流、学术往来、人才交流合作、媒体合作、青年和妇女交往、志愿者服务等，为深化双多边合作奠定坚实的民意基础。

扩大相互间留学生规模，开展合作办学，中国每年向沿线国家提供1万个政府奖学金名额。沿线国家间互办文化年、艺术节、电影节、电视周和图书展等活动，合作开展广播影视剧精品创作及翻译，联合申请世界文化遗产，共同开展世界遗产的联合保护工作。深化沿线国家间人才交流合作。

加强旅游合作，扩大旅游规模，互办旅游推广周、宣传月等活动，联合打造具有丝绸之路特色的国际精品旅游线路和旅游产品，提高沿线各国游客签证便利化水平。推动21世纪海上丝绸之路邮轮旅游合作。积极开展体育交流活动，支持沿线国家申办重大国际体育赛事。

强化与周边国家在传染病疫情信息沟通、防治技术交流、专业人才培养等方面的合作，提高合作处理突发公共卫生事件的能力。为有关国家提供医疗援助和应急医疗救助，在妇幼健康、残疾人康复以及艾滋病、结核、疟疾等主要传染病领域开展务实合作，扩大在传统医药领域的合作。

加强科技合作，共建联合实验室（研究中心）、国际技术转移中心、海上合作中心，促进科技人员交流，合作开展重大科技攻关，共同提升科技创新能力。

整合现有资源，积极开拓和推进与沿线国家在青年就业、创业培训、职业技能开发、社会保障管理服务、公共行政管理等共同关心领域的务实合作。

充分发挥政党、议会交往的桥梁作用，加强沿线国家之间立法机构、主要党派和政治组织的友好往来。开展城市交流合作，欢迎沿线国家重要城市之间互结友好城市，以人文交流为重点，突出务实合作，形成更多鲜活的合作范例。欢迎沿线国家智库之间开展联合研究、合作举办论坛等。

加强沿线国家民间组织的交流合作，重点面向基层民众，广泛开展教育医疗、减贫开发、生物多样性和生态环保等各类公益慈善活动，促进沿线贫困地区生产生活条件改善。加强文化传媒的国际交流合合作，积极利用网络平台，运用新媒体工具，塑造和谐友好的文化生态和舆论环境。

…………

中华人民共和国和俄罗斯联邦联合声明（节选）*

（2016年6月25日）

一

今年是双方宣布发展平等信任、面向二十一世纪的战略协作伙伴关系20周年，也是《中华人民共和国和俄罗斯联邦睦邻友好合作条约》签署15周年。

条约汲取中俄两国数百年来交往的积极经验，基于公认的国际法原则和准则，已成为当代中俄关系的国际法基础，充分体现了中俄两国人民睦邻友好的深厚历史传统和两国热爱和平的对外政策。

条约确定的中俄关系模式——平等信任的战略协作伙伴关系，在过去15年来具备了真正的全面性，至今仍具有现实意义。

条约不仅总结了截至本世纪初的中俄关系发展成果，还为两国关系持续全面发展指明了道路。双方正在落实条约实施纲要。

在条约基础上形成了双边关系的主要原则，并经受住了时间的检验。中俄关系建立的基础是非意识形态化，平等，互信，相互承认领土完整，尊重彼此利益，尊重对方选择社会制度和发展道路的主权权利，互不干涉内政，在涉及主权、安全、发展等核心问题上相互支持，全面互利合作，摒弃对抗。中俄关系不具有结盟性质，不针对第三国。

条约及其实践具有重要的国际效应，向世界展示了两个大国之间构建和谐、建设性、平等信任、互利共赢关系的典范。建立在条约基础上的中

---

* 本篇材料见《中华人民共和国和俄罗斯联邦联合声明》，《人民日报》2016年6月26日第2版。

俄外交战略协作在国际关系中占有重要分量，促进了公正合理的世界多极秩序的形成和国际关系民主化。

二

条约签署15年来，中俄关系保持快速发展，达到历史最高水平，牢固的政治互信是两国关系的最主要特征。发展双边关系成为两国对外政策的主要优先方向。

两国彻底解决了边界问题，整个中俄边界已成为和平与全面合作的纽带。

两国经贸、投资、金融、能源、科技、农业、地方及其他领域务实合作快速发展。中俄总理定期会晤机制有效运行，机制框架下设立数十个委员会、分委会和工作组，涵盖双方合作的所有领域。

中俄关系的社会和人文基础得到实质性巩固。双方互办国家年、语言年、旅游年及青年友好交流年活动，推动两国人文交流取得显著进展，加强了两国人民之间的相互理解和友谊。2016—2017年互办媒体交流年将为两国人文交流注入新动力。

中俄关系的持续全面发展符合两国根本利益，给两国人民带来了实实在在的好处，有利于维护地区及世界和平、安全与稳定。条约签署15年来，中俄战略协作伙伴关系的发展成果及蕴含的潜力，使我们完全有理由对两国关系的未来充满信心。

三

基于《中俄睦邻友好合作条约》确立的世代友好理念和共同目标，双方声明如下：

——支持对方自主选择发展道路和社会政治制度的权利，在维护各自主权、领土完整和安全等涉及彼此核心利益问题上相互坚定支持；

——基于平等信任、相互支持、共同繁荣、世代友好的中俄全面战略协作伙伴关系新阶段，继续扩大和深化双方全方位合作，并将其作为各自对外政策的优先方向；

——支持和发展高层战略信任对话，提升现有机制效率，根据需要建立新的政府、立法机关、部门及地方间合作机制；

——保持双边贸易稳定快速发展势头，逐步优化贸易结构，创新合作模式，为实现2020年前双边贸易额达到2000亿美元创造必要条件，扩大相互投资规模；

——坚持一揽子合作原则，推进油气、煤炭、电力、可再生能源、能源装备等领域合作，在互利共赢基础上建立长期能源战略伙伴关系；

——坚持一揽子合作原则，在平衡双方利益的基础上推动中俄核领域全面务实互利合作；

——积极探寻新的科技及创新合作模式，加强全方位合作，在优先领域开展联合基础研究和高新技术研发，促进科研成果商业化和产业化；

——在和平利用外层空间基础上，全面推动《2013—2017年中俄航天合作大纲》的落实，深化空间对地观测、月球与深空探测、火箭发动机、航天电子元器件及卫星导航等大型项目的合作；持续推进卫星导航领域务实合作，推动中国北斗和俄罗斯格洛纳斯系统进一步融合与互补；

——拓展和深化地方合作，积极运用"中国东北—俄罗斯远东"和"长江—伏尔加河"模式的经验，完善合作模式和机制，以推动重点项目，培育新的合作增长点；

——通过官方和中俄友好、和平与发展委员会等民间渠道全面推动教育、文化、卫生、体育、媒体、旅游、电影、档案、青年交往等领域合作，重点办好中俄媒体交流年、中共六大纪念馆和深圳北理莫斯科大学合作项目；

——发展中俄军事交往与合作，加强两军传统友谊，将其视为中俄全面战略协作伙伴关系重要组成部分。

（四）

中俄认为，由于世界力量正在发生调整重组，世界格局正在加快演变。世界多极化进一步发展，新兴市场国家和发展中国家崛起已经成为不可阻挡的历史潮流。与此同时，由发展不平衡、国家福利水平差距加大、资源争夺、开放销售市场等引发的矛盾进一步发展，全球战略稳定形势出现恶化态势。在地球不同角落仍存在众多冲突，一些冲突方甚至诉诸武力方式解决，恐怖主义威胁依然严峻。

全球金融危机的后续效应也对国际局势稳定产生了显著影响。在经济持续低增长的背景下，货币和原料市场出现了巨大波动。建立封闭性贸易组织、实行单方面制裁、使用各种限制性机制在内的经济杠杆等使全球经济空间碎片化的举措无助于加强国际合作，对国际经济关系体系产生了越来越多的非建设性影响。

面对世界政治和经济中的挑战，中俄主张在解决全球性问题方面加强协调，本着开放、团结、合作共赢的精神，根据《联合国宪章》宗旨和原则及其他国际法基本准则，推动国际政治和经济秩序朝着更加公正合理方向发展，发展文明间建设性对话和伙伴关系，巩固不同文化和宗教间的和睦和相互借鉴。双方强调必须尊重各国人民对本国未来的自主选择，必须在平等和安全不可分割原则的基础上，严格在法律框架内相互考虑彼此利益，通过政治和外交途径和平解决争议。双方支持由联合国大会通过关于不允许干涉和干预各国内政决议的倡议，反对通过非法的外部干预对任何国家实施政权更迭，反对在本国领土外使用国内法措施破坏国际法的行为。中俄一致认为，实施超出联合国安理会商定框架的单边制裁不符合国际法准则，损害了《联合国宪章》规定的安理会职权，降低了安理会现行制裁制度的效率，使受制裁国家受到不相称的损害，在本国领土外实施制裁也对第三国和国际经贸关系产生消极影响。

中俄作为第二次世界大战主要战胜国、联合国创始成员国和安理会常任理事国，将坚定捍卫二战成果，反对否定、歪曲和伪造二战历史的企图，维护联合国权威，坚决谴责为法西斯主义、军国主义及其帮凶开脱罪行和抹黑解放者的行为，尽一切努力防止世界大战悲剧重演。

中俄基于两国建立和发展以合作共赢为核心的新型国家间关系的成功经验，呼吁各国加强联合国在国际事务中的中心作用，以及安理会在维护国际和平与安全方面的特有权利。因此，联合国安理会改革应旨在加强联合国和安理会内部的团结和协作，为促进全人类和平、安全和发展带来实实在在的好处。为实现该目标，必须通过平等的政府间谈判，在意见广泛一致的基础上制定决策。必须继续开展辛勤工作，不人为设定时限，从而为改革制定成熟的、成员国达成最广泛共识的方案。

中俄坚决谴责一切形式的恐怖主义。任何恐怖行动都不能因意识形态、宗教、政治、种族、民族或其他动机而被原谅。双方指出，当前局势令人担忧的原因不仅在于中东北非国家内部的政治和社会经济问题，也在于肆意干涉他国内政的行为，包括以"推动民主"为借口的干涉行为。

中俄决心继续加强反恐合作，双方认为国际社会在这一多层次工作中取得成功的关键是在联合国发挥中心协调作用下，基于《联合国宪章》及国际法宗旨和原则，摒弃政治化和"双重标准"，不设前提条件地建立打击恐怖和极端主义的"统一战线"。

双方指出，中俄在维护国际安全领域开展了有效协作，积极抵御使用生化武器的恐怖袭击威胁，主张在日内瓦裁军谈判会议上启动制定《防止化学和生物恐怖主义公约》的谈判进程。

中俄坚信，为提高多方努力的成效，需要综合施策，包括打击恐怖和极端思想传播，各国及其主管部门在互换信息方面开展有效协作，共同制止恐怖主义活动，以及建立可靠屏障防止对恐怖主义的资助和物质技术支持。双方认为，有效执行联合国安理会相关决议和反洗钱金融行动特别工作组建议，加强查明和切断资助恐怖团伙渠道的制度极为重要。

双方认为，一个安全稳定繁荣的信息网络空间，对两国乃至世界具有重大意义。中俄作为网络大国，有责任致力于维护网络安全，推动构建全球信息网络空间新秩序，促进信息技术创新，推进数字经济发展，打造网上文化交流共享平台，维护世界和平稳定，共同倡导建设和平、安全、开放、合作的信息网络空间，构建网络空间命运共同体，让互联网更好造福两国人民和世界人民。

《联合国宪章》确定的不使用武力、尊重国家主权和基本人权及自由、不干涉他国内政原则，也适用于信息网络空间。网络主权是国家主权在信息网络空间的延伸和拓展，要恪守尊重网络主权的原则，支持各国维护自身安全和发展的合理诉求，反对通过信息网络空间干涉他国内政。

两国在维护国际网络安全和互联网治理问题上秉持一致战略立场。整个国际社会的努力应旨在预防信息网络空间的冲突和不允许使用信息通信技术从事破坏和平稳定的行为。

双方认为互联网治理的国际化是一项战略任务，必须保证所有国家参与互联网治理、公平分配互联网基础资源的平等权利，充分发挥联合国和各国政府、企业、国际组织的重要作用，探索制定普遍接受的负责任行为国际准则，推动建立多边、民主、透明的互联网治理体系。

中俄满意地指出，两国在信息网络空间的双边合作得到深化和拓展。双方将继续在该领域积极开展合作，加强协作，推动旨在预防和打击使用互联网实施有害行为、网络犯罪和恐怖主义活动的联合倡议。加强对未成年人的网络保护，不让互联网伤害人类的未来。

……

习近平出席"共商共筑人类命运共同体"高级别会议并发表主旨演讲(节选)*

(2017年1月18日)

18日,国家主席习近平在日内瓦万国宫出席"共商共筑人类命运共同体"高级别会议,并发表题为《共同构建人类命运共同体》的主旨演讲,深刻、全面、系统阐述人类命运共同体理念,主张共同推进构建人类命运共同体伟大进程,坚持对话协商、共建共享、合作共赢、交流互鉴、绿色低碳,建设一个持久和平、普遍安全、共同繁荣、开放包容、清洁美丽的世界。

…………

习近平强调,构建人类命运共同体,国际社会要从伙伴关系、安全格局、经济发展、文明交流、生态建设等方面作出努力。

一要坚持对话协商,建设一个持久和平的世界。国家之间要构建对话不对抗、结伴不结盟的伙伴关系。大国要尊重彼此核心利益和重大关切,管控矛盾分歧,努力构建不冲突不对抗、相互尊重、合作共赢的新型关系。大国对小国要平等相待,不搞唯我独尊、强买强卖的霸道。应该全面禁止并最终彻底销毁核武器,实现无核世界。要秉持和平、主权、普惠、共治原则,把深海、极地、外空、互联网等领域打造成各方合作的新疆域,而不是相互博弈的竞技场。

二要坚持共建共享,建设一个普遍安全的世界。各方应该树立共同、综合、合作、可持续的安全观。反恐既要治标,更要治本。各国要加强协

---

* 本篇材料见《习近平出席"共商共筑人类命运共同体"高级别会议并发表主旨演讲》,《人民日报》2017年1月20日第1版。

调，要动员全球力量有效应对难民危机。恐怖主义、难民危机等问题都同地缘冲突密切相关，化解冲突是根本之策。当事各方要通过协商谈判化解冲突，其他各方应该积极劝和促谈，尊重联合国发挥斡旋主渠道作用。国际社会应该加大对非洲等发展中国家卫生事业的支持和援助。

三要坚持合作共赢，建设一个共同繁荣的世界。各国特别是主要经济体要加强宏观政策协调，维护世界贸易组织规则，支持开放、透明、包容、非歧视性的多边贸易体制，构建开放型世界经济。搞贸易保护主义、画地为牢，损人不利己。经济全球化的大方向是正确的。我们要引导经济全球化健康发展，加强协调、完善治理，推动建设一个开放、包容、普惠、平衡、共赢的经济全球化，着力解决公平公正问题。

四要坚持交流互鉴，建设一个开放包容的世界。人类文明多样性是世界的基本特征，也是人类进步的源泉。文明差异不应该成为世界冲突的根源。不同文明要取长补短、共同进步，让文明互鉴成为推动人类社会进步的动力、维护世界和平的纽带。

五要坚持绿色低碳，建设一个清洁美丽的世界。我们应该遵循天人合一、道法自然的理念，寻求永续发展之路。要倡导绿色、低碳、循环、可持续的生产生活方式，平衡推进2030年可持续发展议程，不断开拓生产发展、生活富裕、生态良好的文明发展道路。各方要共同推动《巴黎协定》实施，不能让这一成果付诸东流。中国将继续采取行动应对气候变化，百分之百承担自己的义务。

…………

拓展阅读

1. 习近平：《共同建设"丝绸之路经济带"》，2013年9月7日，载《习近平谈治国理政》（第一卷），外文出版社，2021，第287—291页。

2. 习近平：《共同建设二十一世纪"海上丝绸之路"》，2013年10月3日，载《习近平谈治国理政》（第一卷），外文出版社，2021，第292—295页。

3. 习近平：《携手构建合作共赢新伙伴，同心打造人类命运共同体》，2015年9月28日，载《习近平谈治国理政》（第二卷），外文出版社，2017，第521—526页。

4. 习近平：《携手推进"一带一路"建设》，2017年5月14日，载《习近平谈"一带一路"》，中文文献出版社，2018，第176—191页。

5. 习近平：《努力开创中国特色大国外交新局面》，2018年6月22日，载《习近平谈治国理政》（第三卷），外文出版社，2020，第426—429页。

6. 习近平：《推动共建"一带一路"高质量发展》，2019年4月26日，载《习近平谈治国理政》（第三卷），外文出版社，2020，第490—494页。

7. 习近平：《建设更紧密的"一带一路"伙伴关系》，2021年4月20日，载《习近平谈治国理政》（第四卷），外文出版社，2022，第493—494页。